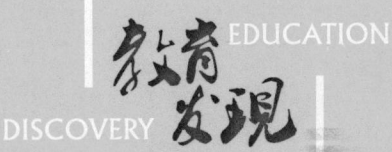

做新教师，从教育发现开始

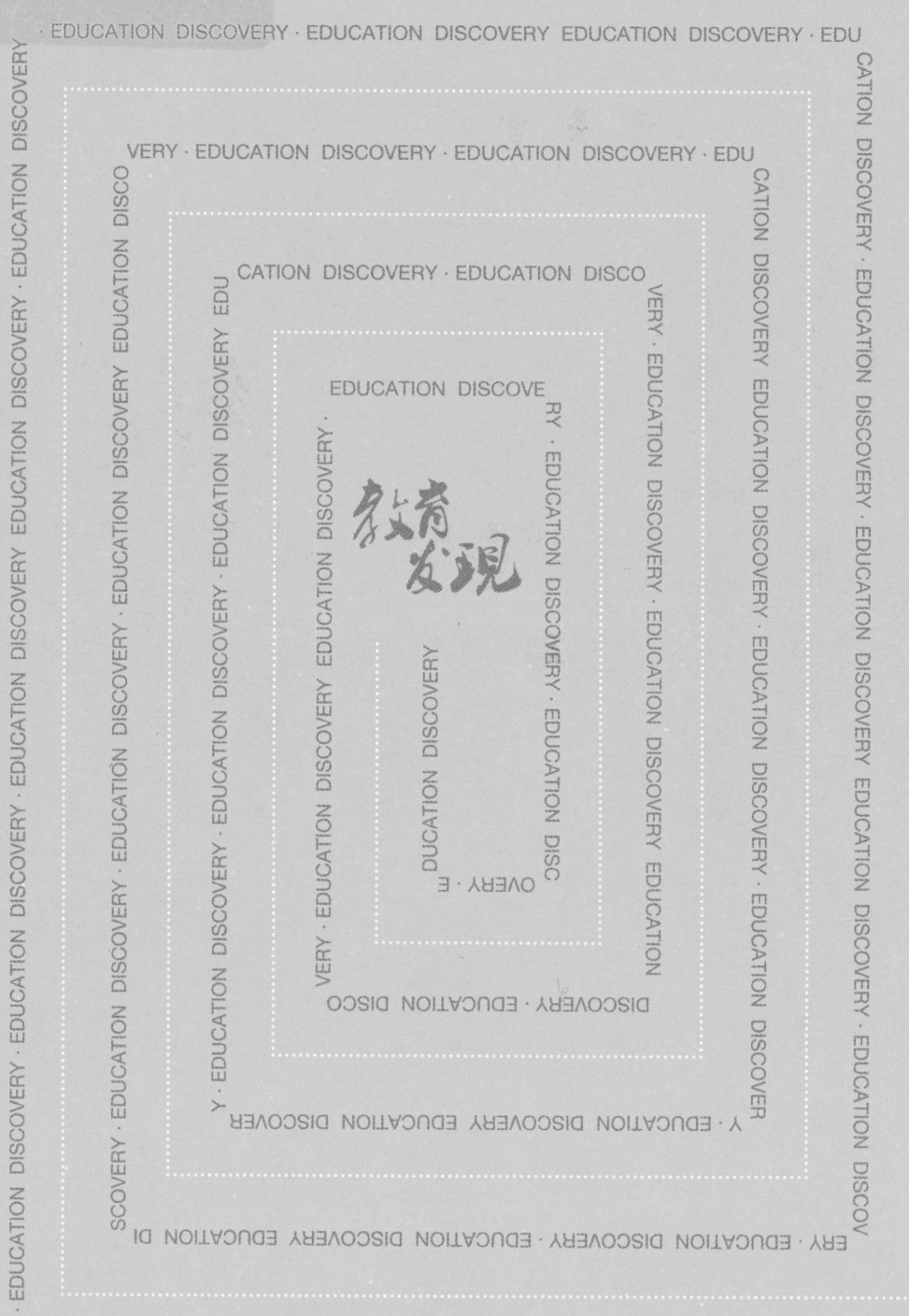

全新升级版

FAXIAN GAOXIAO KETANG MIMA

发现高效课堂密码

于春祥 著

山东文艺出版社

写在改版时

承蒙读者朋友的厚爱，《发现高效课堂密码》第三版——"全新升级版"同大家见面了。该书第一版于2010年4月由山东文艺出版社出版，第二版2012年3月修订出版。高效课堂作为引领全国课改的一个重要品牌越来越受到大家的认同与喜爱。这就要求高效课堂的理论与实践必须与时俱进。作为一个高效课堂的草根研究者，根植课堂，行走课堂，研究课堂，引领课堂，书写课堂，始终是我的使命和责任。草根视角，一线观点，实操验证，始终是我的凭借与追求。我对课堂的研究，凭借的研究资源是我自己上过的课、听过的课、转过的课、评过的课，约计1万堂课。尤其是最近四年，应邀先后去过全国的26个省市自治区，先后到200多个学校进行课改调研，大量的、鲜活的课改资源，引发我对高效课堂的诸多思考。我在一路走一路想的同时，还留下了一路的文章。《中国教师报》先后为我开设了《春祥课典》《新课堂工具箱》《传统课堂十八怪》等专栏。"全新升级版"增加了一些最新研究成果。另外，为了使主题更加集中，将修订版中有关教师专业发展的章节调整到《发现高效课堂密码》姊妹篇《发现教师成长密码》中。

我写不了大文章，总喜欢五六百字说明一个事，了断一个理。体谅老师们工作忙碌，只希望一个班空也能读上那么三两篇。我喜欢用我自己的话语系统说话，你会感觉到每一句话都是经过我生命过滤过的。翻开书，相信你会喜欢的。

奢求句句真言，坦露真诚无限。盼得阁下知音，静待诸君评点。

于春祥

2015 年 1 月于齐国故都临淄

高效课堂的使命

(代序)

作为课改强力推手的高效课堂，它的背景根基是什么？它的核心概念内涵是什么？它究竟具有怎样的使命担当？它的品牌个性特色是什么？一旦能够通晓这些问题，相信你会更加认同它，走进它。

首先，需要进一步明晰一下高效课堂的背景。秉承新课改的理念，力主通过高效课堂实现课堂形式、教学方式、评价方式的根本改变，继而转变师生的生存状态，转变师生的成长方式，转变学校的发展方式，转变传统的研究模式，让学享受快乐的体验，让教相伴幸福的阳光。

其次，重申高效课堂的核心概念内涵。高效课堂是在新的课堂观、效率观基础上诞生的。它与传统课堂单纯以分数为旨归，甚至不择手段地追求分数的效率观大相径庭，而是主张在课堂上要演绎"生命的狂欢"。生命活力与课堂效率的协同共振才是高效课堂的价值所在。因为，从效率的本质来看，只有生命活力催生的效率，才是课堂真正的高效率。

再次，明确高效课堂的使命担当。从讲政治的高度来看，当下，举国上下都在深入贯彻科学发展观，那么，科学发展观在课堂上究竟如何落实？高效课堂提供了一条行之有效的实现形式。科学发展观的第一要义是发展，而发展的根本出路在改革。所以，高效课堂始终挥舞着课改的大旗，而且靠杜郎口中学等课改典型引领全国课改的方向。科学发展观的核心是以人为本，具体在课堂上，就是要落实以学生为本，以学为本。以学为本的具体路径就是，在课堂上实现自主、合作、探究。假如尝试引入"自主、合作、探究"指数评价机制，全国所有的高效课堂实验校会占有绝对的优势。这也是高效课堂最值得自豪的关键所在。勇于担当国家课改使命，引领课改方向，将是高效课堂团队的自觉选择。

最后，回归到高效课堂的品牌个性特点。高效课堂是《中国教师报》全国教师培训基地创造的一个课堂品牌。科研、培训、应用、宣传"四位一体"是它的鲜明特点。就全国来看，真正敢于到课堂上去检验科研、培训成效的团队，实在不为多见。近年来，铺天盖地的教育培训，其成效多数不尽如人意。"培训完，就了断，你该咋干还咋干。"高效课堂之所以在全国普遍受到欢迎，恰恰是因为敢于在课堂实践中论成败，让研究、培训和课堂实践直接对接，真正促成教与学行为模式的改变。

这就是你想知道的高效课堂。这就是咱们的积极担当课改使命的高效课堂。

作为一个草根教育研究工作者，几年来，始终痴迷于高效课堂的本质与规律研究，从理论到实践积累了一些文字，汇成此书，名曰《发现高效课堂密码》。

我曾经问个不休，高效课堂密码可曾有？只要你翻开书，相信你会有新的发现……

于春祥

2011年2月于济南

目 录

写在改版时 / 1

高效课堂的使命（代序） / 1

第一章　高效课堂大揭秘

重建教师道德观 / 3

重建课堂效率观 / 5

新课堂文化要彰显"五本" / 7

让学生学得有尊严 / 10

话说"天命之谓性" / 12

课堂乾坤大挪移 / 14

教就一个字——儒 / 16

厌学都是教的错 / 17

动？自动！静？自省！ / 19

"信本课堂"新概念 / 22

高效课堂路线图 / 23

第二章　课堂规律有几多

"三主"协同率 / 31

"双因"统一律 / 32

伙伴效应律 / 33

学思结合律 / 34

"两化"创生律 / 35

温故知新律 / 36

愤悱启发律 / 37

视野关注极限律 / 38

学习快乐律 / 40

"二八"教学律 / 41

第三章　解密神奇杜郎口

且让"秧田"面对面 / 45

老师,你在哪里 / 46

黑板?魔板! / 47

我的自信无人敌 / 49

我想唱歌我就唱 / 51

校长听课年过千 / 53

刻板坐姿不再有 / 55

实践比理论更重要 / 57

第四章　信息整合新探索

信息技术与学科课程整合 ABC　/ 61

信息化生态课堂理论与模式构建　/ 65

第五章　第三只眼看常规

"集体备课",不能没有"我"　/ 73

备课的本质是什么　/ 74

新课堂"三个意识"不可或缺　/ 75

课堂"四化"能持否　/ 77

作业问题知多少　/ 79

在书写中育人　/ 81

谁是制约书写速度的"元凶"　/ 83

第六章　课堂医案巧拾"零"

课堂禁忌"零关注"　/ 87

教学切忌"零起点"　/ 88

课堂怎能"零阅读"　/ 89

诸君莫学"零书写"　/ 90

智慧挑战"零生成"　/ 91

死记硬背"零体验"　/ 93

问题全解"零疑问"　/ 95

一味激励"零批评"　/ 96

当下流行"零板书" / 97

以讲带练"零作业" / 98

第七章　模式解构与重建

咋能让"篱笆墙""影子"不那么长 / 103

"诲人不倦"莫乐乎 / 106

咬定课改一字"还" / 109

方法比知识更重要 / 112

现代课堂教学模式的解构与重建 / 114

新课堂导入实操"133" / 118

新课堂结语指要 / 121

预习金点 / 123

探究的路径与方法 / 125

重建课堂问题观 / 127

新课堂集体备课"三级跳" / 130

高效课堂的15个细节 / 135

避免叫停，精于引领 / 142

高效课堂的两种境界 / 144

课堂展示问题多 / 145

第八章　小组合作"金点子"

"合作"——通向"天堂"的"绿卡" / 149

请开行课堂"动车组" / 151

新说合作"十二点" / 153

小组合作学习实操规范 / 157

小组合作学习的四块"试金石" / 160

第九章 课改叙事告诉你

党为啥还不来 / 165

弯弯的月亮像什么 / 167

谁把椅子来撞翻 / 169

小橘灯象征什么 / 171

我们能不能爱美国 / 173

万里长城有多长 / 175

"指鹿为马"是创造 / 177

怎么，不敢说呀 / 178

今天你的表现真好 / 180

老师，你的条件弄错了 / 181

20颗金星的尴尬 / 183

黑烟过后是白烟 / 185

第三条是直线 / 187

第十章 课改困境与突围

传统课堂"十八怪" / 191

新课堂的困境与突围 / 196

引爆课堂"核聚变" / 199

自主学习能力：一个中心，两个基本点 / 204

导学案问题诊断与矫正 / 208

课改忧思几时休 / 210

第十一章　课改创新与展望

"四变化"与"一拓展" / 217

高效课堂前景展望 / 221

扭住"两化"不放松　课改再创新路径 / 228

现代课堂"十八变" / 230

思维导图在高效课堂中的具体应用答问 / 235

好课堂评价应关注的15个细节 / 239

第十二章　跨越高效课堂的高原

高效课堂18问 / 245

第十三章　小小工具送给你

1. 新课堂文化评价量表 / 263

2. 新课堂"五要素"星级评价量表（试行） / 266

3. 新课堂"五指数"评价量表 / 268

4. "课改痛苦指数"自测量表 / 270

5. 高效课堂评价标准 / 272

6. 高效课堂说课评价标准 / 273

7. 高效课堂评课标准 / 274

8. 高效课堂问题研究进程表 / 275

9. 小课题研究登记卡 / 276

10. 高效课堂区域推进评估标准 / 277

11. 书香校园评价标准 / 279

12. "五星级"教师评价标准 / 280

13. 初中语文导学案模板应用示范 / 283

14. 初中数学导学案模板应用示范 / 290

15. 初中英语导学案模板应用示范 / 294

第一章
高效课堂大揭秘

朋友,感谢你翻开这本书。

为了答谢你的惠顾,现奉献给你一个插手游戏。请跟着我自然地将一双手的手指交叉在一起,然后作插手运动,"一二三四,五六七八;二二三四,五六七八……"重复做到八节之后,将拇指居上位的那只手,移到下位,再重复做插手运动。还是重复做八次。你有什么不同的感觉吗?对,滞涩,碰撞,打架了吧?

正是:

教育纵有千万难,

课堂改革第一难。

插手游戏尚如此,

进入课改该咋办?

高效课堂改革就是一个痛苦分娩的过程,那么怀胎十月的密码是什么?顺其自然!高效课堂的秘诀,不一定非得创新,回归课堂的本质和规律,应该是当务之急。

重建教师道德观

作为教师，怎样做才是道德的？这个问题一直困扰着我。有爱就是道德的吗？那么，为什么太多的伤害都以爱的名义？善良就是道德的吗？那么，好心为什么也会做那么多的傻事？

道德的智慧原型究竟是什么呢？还是先让我们看一看"德"字的甲骨文吧。"德"字的甲骨文是个会意的字符，在一个十字路口画着一只眼睛，眼睛上面一道向上的引导线。"德"者，"得"也。"得"什么？"得道。"于是，我们可以解读为，在十字路口，只有选择正道走才是道德的。由此，可以得出结论：教师道德的本质应该是尊天道，行人道，重学道。道即规律。遵循教育教学规律，遵循学生身心发展的规律，遵循学科知识认知规律，这就是教师的天职。然而，反思当下的教育教学，背道而驰者并不鲜见。明知有道而逆之，罪也；不知其道而行之，悲也。"道"之不存，"德"将焉附？如是，诸多教育行为的道德指数就非常值得怀疑了。回归教师道德的本质，重建教师道德观是教育教学改革的当务之急。

那么，为什么会导致这种现象？分析原因，都是感觉惹的祸。当教育行为信奉感觉，信奉经验，就会出现，我觉得应该怎样就应该怎样。殊不知，觉然并不等于应然。应然的判断需要问明规律的逻辑。应然不是感觉和经验的循环。应然需要研究的投入。遗憾的是，研究并没有成为我们的工作习惯。譬如，仅就课堂教学而言，如果我们说"以学定教"是道德的，那么，如果不能落实"以学定教"其实就是不道德的。我的意思并不是要拿道德的大棒骇人，而是说，要善于通过教育教学细节作道德判断，从而警醒我们的道德意识，通过研究不断地寻求规律，别让学生迷迷瞪瞪地学，教师也别再执着地稀里糊涂地教。

重建课堂效率观

"**高**效课堂"这种提法是否科学？如果科学，那么我们应该怎样界定"高效课堂"？这个问题一直困扰着我。起初，我曾经武断地认为，一味地提"高效课堂"是不人道的。课堂的效率应属于顺其自然的动态生成。后来又想，人的生命尚且可以追求价值的最大化，课堂追求高效也就理所应当了。问题是我们应该拥有怎样的课堂效率观。作为当下教育急功近利的写照，我自然想到一个成语故事——杀鸡取卵。那种急切切、眼睁睁地只盯着考分，并且把单纯的考试成绩冠以质量的美名，且将其视为生命者，皆杀鸡取卵之徒耳。曾记否，为了考分，要舍得"榨干学生的油"，"抓质量就要抓出血来"？真可谓"图穷匕首见"。好可怜，好可怜！血淋淋，凄惨惨！教学岂能如这般！教育不能挑战人道的底线。重建课堂效率观，是高效课堂建设的紧迫任务和使命。追求生命活力与课堂效率的统一，应该成为高效课堂的终极追求。缺乏生命活力的课堂，一定是缺乏课堂道德的课堂，而且，生命活力的欠缺，会使知识学习变成无源之水，无本之木。沟通知识、生命、生活之间的联系，是课堂效率的应然内涵。知识与生活之间没有必然的联系。指导人生活的是智慧。只有当知识饱含着阳光、温暖与方向，内化为人生的智慧，知识才能具有生命的价值。学习知识的过程，理应是温暖生命、快乐生命的过程。师生在课堂上的生活理应也是温暖的、快乐的。

再深一步，我们不妨试着为"生命活力"和"课堂效率"建个模型。生命活力的情感要素主要有：自主、激情、自信、成功、快乐等。自主生发激情，激情引发自信，自信催生成功，成功伴随快乐。生命活力的实现形式就是展示（表达）。课堂因展示而精彩，生命因表达而快乐。课堂效率要素主要有：目标、方法、实践、练习、评价、反馈等。其间，需要特别强调，目标和反馈要贯穿始终。学要得法，导要有法。强调实践、练习，就是回归"做中学"。评价则应建立小组合作学习的评价机制。

新课堂文化要彰显"五本"

所谓课堂文化,就是指课堂价值观、课堂思想、课堂理念,尤其是课堂上的行为模式。人们对课堂文化的认知,不仅仅靠课堂外显标语的昭示,更需要在课堂行为模式的"怎么做"中进行感知和判断。

那么,新课堂文化如何重建?在重建过程中有哪些核心价值追求?在我看来,新课堂文化需要彰显"五本"。

一曰"人本"。"人本"就是"以人为本"。"以人为本"是科学发展观的核心内容,从某种程度上说,也是课堂文化的必然要求。教育就是为了人的幸福。所谓"以人为本",就是把人当人来对待,让教和学都能够尽享课堂上的体面和尊严。必须时刻警惕人的"被工具化"。人"被工具化"的同时,就是人格尊严受侵害的开始。对学生而言,他并不奢望教师一定要把"特别的爱"给"特别的他",只在乎千万不要小瞧他。

亲爱的老师,在你的课堂上,"以人为本"能持否?能持!

二曰"学本"。"学本",就是"以学为本"。实现从"以教为本"向"以学为本"的转型,是新课堂主体转型的重要标志。"学生","学生",以"学"为"生"。"学"是学生的天职,请归还学生的"学习权"。咋老是有那么多教师痴心于"教",却恰恰不担心学生的"学"呢?甚至,有一次一个教师竟然问我:"老师还没教,学生都会了可咋办?"哪有老师怕学生会的道理？《三字经》云："玉不琢，不成器。人不学，不知义。"我们不妨再续几句："不让学，没道理。只听讲，没意思。"还需要说明的是，新课堂的"学"，是个具有丰富内涵的概念。一"学"是"三学"，包括独学、对学和群学。对学和群学就是合作学习。在我看来，整个课堂可分为"四程"："学"一程；"展"一程；"点"一程；"练"一程。这就是我一再推崇的"学展点练四连环"，而且还要特别在意，教师在"没有学，没有展"的情况下，要学会"紧闭尊口不发言"。"有了学，有了展"，"师生一起再点练"。

亲爱的老师，在你的课堂上，"以学为本"能持否？能持！

三曰"信本"。"信本"，就是"以自信为本"，"以表达为本"。（参见"春祥课典"专栏文章之《信本课堂新概念》）自信是生命的黄金。表达是自信之母。让学生在课堂上有尊严地活着，自信就不可或缺。在新课堂上，"预习"和"展示"两个环节，为自信的诞生提供了宽阔的舞台。请屏住呼吸，静静地想一想：是不是"一预习就自信"？是不是"一展示（表达）就自信"？这岂不就是课堂的自信密码？

亲爱的老师，在你的课堂上，"以信为本"能持否？能持！

四曰"乐本"。"乐本"，就是"以快乐为本"。课堂上究竟该不该有快乐？答案在两千多年以前就有了："知之者不如好之者，好之者不如乐之者。"由此，我们不妨把教师分为三个层次："知之者"，灌输可得，此之一也；"好之者"，兴趣可得，此之二也；"乐之者"，智慧可得，此之三也。此三者，君当孰归？新课堂的课堂追求是："知识的超市，生命的狂欢。"与前文联系，我们不妨对课堂快乐的产生给予如下的逻辑模型：预习诞生自信；自信催生展示（表达）；展示繁衍成功；成功伴随快乐。这就是我的"课堂快乐定律"。

亲爱的老师，在你的课堂上，"以乐为本"能持否？能持！

五曰"效本"。"效本"，就是"以效为本"。新课堂从不避讳课堂效率,而且,还将"课堂效率最大化"作为价值追求之一。与传统课堂效率观不同的是,新课堂追求的效率是"生命活力"与"课堂效率"的和谐统一,是相伴"生命狂欢"的"课堂效率"。新课堂的"课堂效率",追求水到渠成的自然呈现,而非不择手段,甚至杀鸡取卵的急功近利所为。需要特别说明的是,高效课堂作为新课堂的实现形式之一,需要我们守护这一品牌的纯粹。如果说对"什么是高效课堂"还有些迷茫的话,我们必须廓清,所有低效的课堂一定不是高效课堂。尤其反对将某些低效课堂的操作失误,粘贴上高效课堂的标签,并且,一并归罪于此。

亲爱的老师,在你的课堂上,"以效为本"能持否?能持!

让学生学得有尊严

课改就是要改变师生的生存状态,让学生学得有尊严,让教师教得更体面。那么,尊严的生成逻辑究竟是什么?我们不妨逆推:尊严诞生于自强,自强来源于自信,自信繁衍于自主,自主生成于自由。就课堂而言,自由是学习的生态,自主是学习的状态,自信是学习的神态,自强是学习的健态。解放才有自由,放手才有自主,能学才有自信,会学才有自强。成就学生的"学",不仅仅能成就学生的自主学习能力,而且,能够绽放学生的人格尊严。让学生在课堂上有尊严地活着,课改功莫大焉。

回忆我们上学的时候,在课堂上最得意的莫过于:"老师还没教,俺已学会了。"这种感觉恰恰是学生学习的法宝。学生时常享受这种感觉,就会得以享受学习的快乐。道理其实很简单:老农最爱自己种的庄稼,最爱吃自己种的菜呀!学生能"学"会的,教师就不要执着于"教"会。亲爱的老师:让学生学一学,咱再教行吗?咋老是那么急不可耐?再想一想当初咱是咋跟小孩赛跑的来:"跑跑跑,儿子咋比爸爸跑得还快?"咱的智慧就在"装作跑不过你"。如果哪个爸爸逞能跑在孩子前面,那才是世界上最大的傻瓜!老师在课堂上一"知"就"道"并不难,难的是虽"知"却"不道"。这个时候老师的"知"会成为一种期望,学生会通过第六感感知出来,并会用全力以赴的"学"探求这个"知"。所谓"话到嘴边留一半",讲究课堂"忌口术",都值得大家玩味。

需要一再强调的是,突出"学",绝不是以打压"教"为代价,而是呼唤"教"的呈现形式的转变。教学教学,就是教着学生学。我们要从习惯于"教"和"学"的割裂两分思维转变为"教学一体"的系统思维。把教学看成一件事,"学"的时候,我们要追问出隐身的"教"的努力;"教"的时候,我们要追问出"学"的需要。当"学"有了尊严,"教"就会更体面。

话说"天命之谓性"

总是有一些老师对学生的学习能力表示怀疑,甚至顽固地认为,教学教学,先教再学。没有教的学是没着没落的学。这种认识惯性的根深蒂固,恰恰是课改步履艰难的核心根源。不放心学,所以,执着于教。那么,学生到底有没有学习的禀赋呢?还是让我们回归智慧原点,从经典中寻找答案。《中庸》开篇:"天命之谓性,率性之谓道,修道之谓教。"意思是说,上天(大自然)赋予人能动的秉性,遵循这样的秉性就是我们追求的道,修持这样的道就是圣人的教。理解这一段话,关键在一个"性"字。"性",甲骨文的"性"和"生"是同字。所以,《孝经·说曰》:性者,生之质也。《通论》:性者,生也。自金文始,"性"演变为"竖心"+"生"。在下猜度古人之造字,用心良苦。我们苦苦地思索,人的天性究竟是什么?左"心"右"生",莫不是在警示人:人的天性就是一心一意的"生"。生者,活也,故曰生活;生者,存也,故曰生存;生者,动也,故曰,生动;生者,机也,故曰生机。人欲生,必能动。天之命,谁不从?譬如,婴儿坠地,必动哭声。倘若不哭,大夫一定打他屁股,依然不哭那就麻烦了。这么看来,我们应该还学生主动、能动、自动的权利,让他们在主动、能动、自动的学习中开发潜能,促进成长。

孟子曰:"君子深造之以道,欲其自得之也。自得之,则居之安;居之安，则资之深；资之深，则取之左右逢其原，故君子欲其自得之也。"（《孟子·离娄下》）孟子说："君子要按照正确的方法深造，是想使他自己获得道理。自己获得的道理，就能牢固掌握它；牢固掌握了它，就能积蓄很深；积蓄深了，就能左右逢源取之不尽，所以君子想要自己获得道理。"在课堂上，教师一个重要的使命，是保护甚至捍卫孩子的主动性。孩子的主动性一旦得到张扬，教师要学会用"无为"去呵护。学生学习有一个通俗的法宝："老师没有教，我就会了！"这样，慢慢地，学生会意识到，噢，原来知识是人主动学出来的，包括"我的建构"。

课堂乾坤大挪移

课堂是否有乾坤？回答是肯定的。乾坤的本质在于关系定位。乾者，天也，坤者，地也。课堂的基本关系，就是教师和学生的关系。那么，二者究竟谁是天？谁是地？定位的差异，会有不同的两个课堂世界。近日读《易经》获得启发：如果给当下的课堂打上一卦，该是哪个卦象？否也。否卦，上卦为乾（天），下卦为坤（地）。因为，天气上升，地气下降。所以，象曰："天地不交，否。"当下的课堂，老师居"天"位，学生居"地"位。老师陶醉于"统统统"，学生无奈于"受受受"。老师习惯了"讲讲讲"，学生习惯了"听听听"。课堂之顽疾，一"否"而已矣。

有道是，一切改革都是关系的调整。课改亦无他。如何重新定位师生关系，实现课堂乾坤大挪移，开辟"否极泰来"之景象，实为当下课改之重任。我突然想到了古齐王《以何为贵》的故事。"齐桓公问管仲曰：'王者何贵'？曰：'贵天'。桓公仰而视天。管仲曰：所谓天者，非谓苍苍莽莽之天也。君人者，以百姓为天。"大意是，齐桓公问管仲说："做君王的以何为贵？"管仲回答说："以天为贵。"于是齐桓公仰脸注视天空。管仲说："我所说的天，并不是碧蓝无际的天空。做人民的君王应该以百姓为天。"由此我们可以得到这样的启示：古齐王"以民为天"成就霸业，如今，为师者当效齐王，以生为天，甘愿做地，开课堂之

"泰"。《象》曰:"天地交,泰。"也许有些老师会因为"天"位的放弃而感到失落和苦恼。大可不必自寻烦恼。"天"和"地"只有"位"的不同,而没有贵贱之分。定好位之后,我们需要进一步地追问"天"之道、"地"之德。关于天道,《易》云:"天行健,君子以自强不息。"曾经一直把"自强不息"当作一般的成语来理解,现在才有所顿悟:"自强"是"不息"的条件,"自强"才能"不息"。从这种意义上来理解,学生的主体性、主动性、能动性、创造性,便会觉得更加深刻。自主、自动、自强是学生的天性。尊重她,呵护她,培养她,发展她,便成为教师的天职。具体说来,就是要涵养地德。地之德,《易》有云:"地势坤,君子以厚德载物。""厚德"就要学会顺承"天",成就"天",包容"天",期待"天"。"地"永远不与"天"争精彩,而是以"天"的精彩为自己的精彩!各位朋友,请谨记:

学生的精彩才是课堂真的精彩!学生的精彩才是师者最大的精彩!

教就一个字——儒

  基于对课堂改革的痴迷,我一直在傻傻地想,课堂最根本的规律应该是什么?如果要用一个汉字来表征,这个汉字究竟应该是什么?真可谓"踏破铁鞋无觅处,得来全不费工夫",一次偶然的机会,听企业家管理培训讲座,讲到管理的真谛,竟概括为一个"儒"字了得。之后,我又进行了细致的研究,觉得课堂之道借用一个"儒"字更为恰当。下面不妨听我分析一二:

  "儒"字,左边为"人",右边是"需"。所以有"儒者,人之需也"的意向。由此我们可以引申到课堂。课堂之道,无非是以学生学习的需要来教罢了。再加以概括,即"以学定教"。由是可得:儒者,师之祖也;道者,人之需也。

  一个"需"字,更加耐人寻味。金文的"需"字,上为水,下是天。"需"是《易经》的第五卦。传曰:"需者,待也。"对于课堂来说,等待什么?等待学生学的需要。古人造字即以"水天为需",那人们最需要什么"雨"?是大雨滂沱,洪灾恣肆?还是细雨点点,不透不湿?皆非也!古人的智慧总是让人折服,就人的需要来看,这"雨",只能是"及时雨"。教师教的譬喻,唯"及时雨"而已。这让我们自然想到一首诗:"好雨知时节,当春乃发生。随风潜入夜,润物细无声。"最好的教,当是"润物细无声"不留痕迹的教。

厌学都是教的错

次，我到学校课堂调研，老师正准备教《特殊的平行四边形》。我问老师："请问，这节课的主要教学任务是什么？"答曰："1. 矩形的性质；2. 矩形性质的证明；3. 中位线定理及其应用；4. 四个练习题。"于是，我和老师商量，咱征求一下学生的意见，看看他们愿意怎样学？老师欣然同意。我对同学们说："同学们，这节课老师要和大家一起学习《特殊的平行四边形》。主要教学任务有：1、2、3、4。前三个任务，咱们是愿意一个一个地了断，还是老师先不讲你们自己做？""自己做！"学生异口同声地说。"那好，时间15分钟。独立学习12分钟，小组讨论3分钟。咱们看哪一个小组最早全部同学都完成后一起举手。计时开始。"刷，三个问题一起下去啦。这个时候我对听课的30多位老师说："老师们，请找出不学习的学生。"老师们服了。只要让学生学，在课堂上是找不到不学习的学生的。眨眼间，12分钟即过。进入小组讨论阶段，由于学得深入，所以，问题也深刻，讨论变成了学的一种需要，而不是教学硬性安排的一个环节。小组讨论积极而富有成效。一会儿，一个个小组相继集体举手。之后，每个小组随机抽取两名同学到黑板上展示。具体分工：一三五、二四六组依次板演问题1、2、3。面对黑板上活的资源，师生一起进行了点拨和归纳。最后，按照上面的流程，把四个练习题一并放下去训练、展示并反馈。一节课就这样完成了。

这一次课堂经历，让我进一步明白了学生厌学产生的根源，说出来你别不愿意听：厌学都是教的错。执着于教很容易不在意学生的学。不在意学生的学，学的热情和主动性就会一再地衰减，以至于不想学，不想学，就是厌学。

让我们谨记叶老的几句诗吧：

譬引儿学步，独行所切盼。
独行将若何？诸般咸自办：
疑难能自决，是非能自辨，
斗争能自奋，高精能自探。
学者臻此境，固非于一旦，
而在导之者，胸中存成算，
逐渐去扶翼，终酬放手愿。

——《自力二十二韵》，载《人民教育》，1977（1）

动？自动！静？自省！

课堂的艺术，就是动与静的艺术。高效课堂如何处理好动与静的关系，高效课堂中的动与静各指什么？为什么要动？为什么要静？怎样动？怎样静？笔者试图给予回答。

首先，我们来看高效课堂中的动与静各指什么。动，主要指活动，再具体说，包括自主活动与群体活动；静，主要指氛围与思考，氛围意在强调，思考需要营造安静的场域效应，思考包括独立思考和群域思考。

其次，我们来看为什么要动，为什么要静。动生自信，静生智慧，这是大家熟知的常识。我一直在想，如何创造一种课堂生态，让学生在课堂上觉得是有尊严地活着。尊严的前提又是什么？答曰自信。那么，自信的形成机制是什么？是动，是表达，是展示。请大家来看自信的"信"字。"信"字左边是个"人"，右边是个"言"，人言生"信"。"言"的呈现形式有三：一曰口头语言，二曰书面语言，三曰肢体语言。试想，当一个人出口成章，口若悬河，他能不自信吗？当一个人下笔能写，洋洋不止，他能不自信吗？当一个人能歌善舞，潇潇洒洒，他能不自信吗？所以，动即表达，动即展示。课堂上唯其表达，唯其展示，才能成就自信，享受自尊。表达、展示恰是那"生命的狂欢"。

但是，动亦有度。动静相间，课堂美满。所有没有深刻的静态思考

的动都是肤浅的、浮躁的、低效的。独立思考从来就是一种必需的思维品质。《大学》有云："知止而后有定，定而后能静，静而后能安，安而后能虑，虑而后能得。"意思是说，知道应达到的境界才能够志向坚定；志向坚定才能够镇静不躁；镇静不躁才能够心安理得；心安理得才能够思虑周详；思虑周详才能够有所收获。静思是一种智慧法则，同时，也是一种快乐法则。静思需要专注，专注需要投入，投入是生命的义务。智慧总是惠顾那些专注投入的人。专注即快乐，投入即快乐。从脑科学的角度分析：人在积极的思维状态下，伴随着思维成果的诞生，大脑会分泌一种叫作脑内吗啡的物质，它是一种会令人产生快感的荷尔蒙，它的快感效力是毒品吗啡的五到六倍，但完全没有副作用，它可使脑波呈现α波。此物质不只是使人产生心情愉快的感觉，更奇妙的是，脑内吗啡会随着思维深度的提高，而增强增大。学会深思熟虑，就学会了快乐和幸福。独立思考的价值的确值得重视，群域思考的研究同样需要我们关注。高效课堂的群域概念，多指小组群域和班级群域。课堂静思往往是以群域同步的形式进行的。为了统一的教学目标，营造一种共同思考的场域氛围，这个时候氛围会彰显凝聚和激励价值。群域思考是合作学习的催生婆。共同思考的"心有灵犀"，会产生强烈的"一点通"的合作交流愿望，于是表达便有了根基，展示便有了底气。

其实，往深里想，静就是动。脑的动才是最本质的动。

最后，再用动静整合方法回答怎样动和怎样静。即，动手做，动脑思，动眼看，动耳听，动嘴议，动身演。以上"六动"可以界定为高效课堂"生命狂欢"的基本形式。其中，尤其是在"动手做""动身演"等方面颇具创新价值。动手做，强调做中学，强调探索，强调实践，强调体验。手动意在心动，心动才是真动。高效课堂的动手做，尤其强调大量的黑板展示，这在一般人看来似乎多余的环节，恰恰创生了"板演效应律"和"视觉优先律"。所谓"板演效应"，是指学生在板演的时候，对大脑的语言中枢产生刺激作用,在感知协同律的作用下,形成特殊印记,便于提高记忆效率。心理学研究数据显示,人接受知识主要是靠视觉和听觉。就其比例来说,视觉83%,听觉11%,嗅觉3.5%,味觉1%,触觉1.5%。让学生每节课都清楚地看见自己的学习成果,是高效课堂的执着追求。由此得出:视觉优先律。正所谓,"所见即所得"。动身演,高效课堂推崇学生通过朗诵、唱歌、舞蹈、小品、相声、课本剧等形式把教材文本活化,从而把课堂推向全身心学习的更高境界。

　　高效课堂旗帜鲜明地反对:以教师的动,替代学生的动;以教师的动,强迫学生的静。我们追求:动贵自动,静在自省。

"信本课堂"新概念

不是为了与"生本"较劲,也不是为了标新立异,更不是为了成就"信本课堂"第一人的美誉,我之所以要执意提出"信本课堂"这一新概念,实在是因为我对课堂本质日思夜想的又一发现。课堂的终极价值在于立人,立起一个个自信的、有尊严的、大写的、幸福的人。孔子有句话:"民无信不立。"当然,这里"信"原意主要指诚信。其实,"信"又是个多元概念,诸如信仰、信念、自信等。人欲幸福,必先快乐;人欲快乐,必先自信。自信是快乐、幸福的本源。所以,"以信为本",并非杜撰。

前面的文章已经对"信"字进行过文字学解读,大家已经对通过"人""言"的形式实现自信有了概要的理解,诸如口头语言表达、书面语言表达、肢体语言表达都是达成自信的基本形式。下面,我想对这三种形式为什么会产生自信进行进一步的解码。先说口头表达。从中医学理论来看,学生在课堂上进行口头展示,会充分提振肺经参与。另外,人的喉结蠕动会调动八条经络参与。经络通畅,自信登场;自信登场,快乐荡漾。这就是学生为什么"我展示,我快乐"的生命密码。再说肢体表达。学生在课堂上板演或以动作助说话,都会抻拉胆经,从而享受由"胆"到"识"的成功愉悦。主张大容量板演、表演,正是张扬自信、孕育成功、繁衍快乐、分享幸福的玄机所在。

我总算明白了:表达是自信的不二法门。

高效课堂路线图

高效课堂作为一种能够让课改理念落地的实现形式,已经在全国各地开花结果。不少校长问:"有没有高效课堂路线图?"这个问题不便有统一的结论,因为,各个学校的校情、学情各有不同,在具体实施过程中会各有千秋。下面,着重从学校管理的一般意义上勾勒一个"路线图"供大家参考。从思路上概括为高效课堂"一二三四",如果你用心体会这"一二三四",便能听出行军号令的铿锵作响,路已经伸展在脚下了。

一引领,即专家引领。从管理学的角度来看,管理的真谛就是"借力"。搞课改并没有那么困难,只要找准全国谁是最好的,锁定他,跟紧他,学习他,借力他,纵然真的超越他,咱也不会背叛他,这样,事就成了。专家的价值在于探明规律,指引路径,示范方法,过程诊断,指导重建,如此,课改就会少走弯路。当然,学校更喜欢那些思想理念能够"上天",实践操作能够"入地",能够行走课堂,敢于以身示范的专家。让我们感到欣慰的是,高效课堂的实践,正在培养一大批以实践注解理念的课改专家。相信你的慧眼能够发现伯乐。

两保障,即课时保障和评价保障。首先,请大家强力关注一种现象,中小学的课堂时间正在"被缩减"。原来的小学每节课 40 分钟,中学每节课 45 分钟，正在时髦的"课时改革"的旗帜下"被缩减"。诸如，小学 30 分钟、35 分钟，中学 40 分钟的已经并不鲜见。如果是根据学科性质和课型特点采用"弹性课时"，亦无可厚非，但是，如果企图靠缩减课时而实现高效，那只能是黄粱一梦般的欲速则不达。从科学的角度来看，每节课小学 40 分钟，中学 45 分钟，不是随便可以改变的，皆有学习疲劳极限规律的遵循。观照当下：课改主张彻底改变教师讲学生听的"填鸭式"教学模式，而代之以学生"自主、合作、探究"的学习，如果可能，相应地增加课时长度，才是课改的真切需要。到学校调研常常经历这样的无奈：刚要开始课堂作业环节，"丁零零"，下课铃响了。学生的课外负担，恰恰是因课时的"被缩减"而日益加重。我们呼吁：课时改革一定要适应课改的需要！

其次，评价保障。要什么，就评什么。评不到，你就得不到。一次，我到课堂听课，整堂课没有发现"学"的落实。进入评课环节，我把"高效课堂四指数评价表"发给执教教师和听课教师。所谓"高效课堂四指数评价表"是我近期研发的一款课堂快捷评价工具。"四指数"分别为自主、合作、探究、效率。具体操作是：1. 每项指数按照课堂感觉在 1—10 之间取值。2. 评价人数以 5±2 为宜。然后，前三项求平均值。3. 效率指数既可以按照课堂感觉取值，也可根据课堂检测成绩折算。4. 最后，将前三项均值和效率指数进行相关性分析。我们的目标是，实现"自主、合作、探究"基础上的高"效率"。再回到上面的案例，执教教师自评的"四指数"数值分别是"3、3、2、6"，听课教师评分的平均数值亦大致相当。问题就这样清晰地呈现出来。高效课堂的评价是一个系统，从课堂到教师，从小组到班级，从学科组到级部，从学校到区域，都应该建立完善的评价保障体系。需要特别提醒的是，评价要有区分度，大改大得，小改小得，不改不得。区分度就是执行的力度。

　　三带动，即课题带动，校长带动，典型带动。

　　1. 课题带动。高效课堂是对传统课堂的颠覆性革命，它不是刻意要另搞什么，它恰恰是要回归课堂的本质和规律，回归学生的身心发展规律和认知学习规律。规律的皈依，呼唤科研的引领；科研的引领，呼唤课题的带动。鼓励学校和教师把课堂教学中的问题，变成研究课题，按照科学方法进行研究，寻求解决的路径与方法。具体做到：手头有个题；案头一本书；笔下一段文；研究有个果。"方方面面讲规律，时时处处讲科研"应是高效课堂的必然旨归。

　　2. 校长带动。教育纵有千万难，课堂改革老大难。老大难，老大难，老大一出不再难。校长当学崔其升，咬定课改不放松。从全国的情况来看，任何一个课改名校的诞生，都同时诞生一个课堂改革专家校长。校长的着力点、增长点、发展点、兴趣点、兴奋点，要"五点"聚焦课堂。校长的身影所在，就是领导力所在。遇到困难，带领大家不为退让找借口，只为前进找理由。坚信只要上路，就有庆典。只要坚持，就有精彩！

　　3. 典型带动。不管是区域推进，还是校内实施，高效课堂都特别需要典型带动。高效课堂的典型不能靠行政指定，而必须是"志愿军"。领导的作用在于诱发"志愿自觉"。典型的培养一靠政策引导，二靠业务帮扶，三靠活动锻炼，四靠舆论声援。典型带动作用的最大化，在于点燃典型的使命担当，搭建舞台，为典型提供充足的展示机会，让典型在展示过程中体验成长，享受尊严。

　　四结合：高效课堂建设与教师专业成长相结合；与良好的习惯养成教育相结合；与信息技术和学科课程整合相结合；与营造书香校园相结合。高效课堂是个系统工程，仅仅局限于课堂便不会有高效课堂。需要特别提醒的是，不少学校的高效课堂的确存在急功近利、眼界不宽的现象。"四结合"作为高效课堂的系统要素必须统筹落实。

1. 与教师专业成长相结合。打造高效课堂，教师的专业成长是根本。教师的专业成长是以学科知识结构构建为核心的。请先看我的调查：一次，我到某地做报告，报告中我设计了教师学科知识结构现场调查环节，全场1000多人，我问："在座的都是小学和初中教师，近10年来，所教学科在学段有过大循环的请举手。"结果非常遗憾，举手者不过百人，占不到总数的10%。我又追问："虽然没有教过，但是，主动地系统研究过整个学段教材的请举手。"全场举手的只有11人。这样的调查我进行了几十次了，有过系统把握学段教材资历的多在20%以内。我想起了钱学森的告诫："知识是结构化的、关联的、分类的，依据内涵排序，并且是以人为中心的。"当课堂教学只满足于"点对点"的落实，不能实现知识从点到线、从线到面、从面到体的有序系统构建，课堂高效便无从谈起。遗憾的是，教师学科知识结构的缺失，依然没有引起足够的重视。而且，这种缺失已经演变为高效课堂生成的瓶颈。所以，我们建议各校在高效课堂建设过程中，要制订完善的学科知识结构构建规划，按照"一年学段厘清，两年跨段完善"的思路，尽快形成教师较为完善的学科知识结构。靠教师素质的提高，实现课堂的高效。

2. 与良好的习惯养成教育相结合。课改深处是习惯。概而言之，高效课堂无非是培养学生"自主、合作、探究"的学习习惯。关于"自主、合作、探究"，前面的文章已有阐释，下面，仅从几个教学细节谈几点建议。习惯的养成要从细节抓起。如最基本的读写姿势，高效课堂绝不容忍集团性的、长期性的、大面积的执笔姿势错误持续存在，因为写字是相伴终生的事情。当写字成为一种刑罚，教育人道的底线，已经受到严重挑战。我们必须清醒地认识到，最基本的错误，一定是最严重的效率黑洞。再如，板演卫生的习惯养成。必须根治"手擦黑板"的习惯，做到"爬黑板，讲卫生。黑板擦，左手中。写错字，板擦冲。戒手擦，记心中"。又如低声交流的习惯、脱稿表达的习惯等等，都要有针对性地加以培养。

3. 与信息技术和学科课程整合相结合。《基础教育课程改革纲要》指出："大力推进信息技术在教学过程中的普遍应用，促进信息技术与学科课程的整合，逐步实现教学内容的呈现方式、学生的学习方式、教师的教学方式和师生互动方式的变革，充分发挥信息技术的优势，为学生的学习和发展提供丰富多彩的教育环境和有力的学习工具。"高效课堂作为新课程理念背景下的一种划时代教学模式，必须积极创造条件，实现信息技术与学科课程的整合。郑州市102中学借助电子白板，把高效课堂理念与信息技术融为一体，独创"网络环境下的自主课堂模式"，成为全国高效课堂的一面旗帜。山东省淄博市临淄区高阳中学打造"信息化生态课堂"，其经验可资借鉴。要避免两个极端：一是"信息技术无用论"。甚至认为，高效课堂只要教室装备三面黑板即可。诸如，化学的原子结构，天文学的"日食""月食"，使用多媒体视频演示技术，那真叫作一目了然。二是要正确处理好传统媒体与现代多媒体的关系。多媒体运用要按照教学需要设计，提倡每课都用，坚持用精，坚决杜绝滥用。还要注意别让"白板"冷落了"黑板"。课堂上需要呈现的逻辑推演和思维轨迹，依然需要板演的辅助。

4. 与营造书香校园相结合。高效课堂功夫在课外。"展示"，作为高效课堂的核心环节，张扬着学生的自信，呈现着学生的精彩。如果仅仅囿于教材文本的局限，表达的内涵就会出现捉襟见肘的干涩。课堂生成也会因为胸无丘壑而显苍白。有道是："腹有诗书气自华，读书万卷始通神。"于是,营造书香校园就理所当然地成了高效课堂系统工程的"规定动作"。诸如,班级图书角建设,周月季读书计划的实施,每周背诵一首古诗词,每月读一期(月)学生刊(报),每季度至少读一本书,每年举办一届读书节,等等。有了书香的滋润,学生才会享受"胸藏万卷书,表达任翕张"的畅快和喜悦。

第二章
课堂规律有几多

"课堂教学要遵循规律"这样的告诫想必大家都耳熟能详。但是,课堂究竟有哪些规律?我曾较真地问过一些同仁、领导,甚至一些教育专家,回答多半支支吾吾,模模糊糊。查教育学专著,也多有教学原则的表述,而乏教学规律的概括。在我看来,规律既然是客观存在,不妨借着"无知者无畏"的勇气探索一二。

朋友,想必你也会有几多发现吧?

"三主"协同率

关于教师、学生、教材三者之间的关系,我们一直在受着"传统"和"现代"思维模式的左右。我们似乎总是在为"以谁为主"伤脑筋,于是乎,要么,顽固地坚持"以教为主",要么,时髦地推崇"以学为主",似乎如果找不出一个"主"来,这日子就没法过。当下,我们最需要的是,把这样的教学关系定位予以"解构",然后,按照后现代哲学的观点予以"重建"。"要使师生在教学过程中真正建立起特殊的'人'—'人'关系,就要把师生的教学活动当作有机整体,而不是将'教'与'学'各作一方来处理;就要把教学过程看作是师生为实现教学任务和目的,围绕教学内容,共同参与,通过对话、沟通和合作活动,产生交互影响,以动态生成的方式推进教学活动的过程。换言之,教学过程中师生的内在关系是教学过程创造主体之间的交往(对话、合作、沟通)关系,这种关系是在教学过程的动态生成中得以展开和实现的。"(叶澜《重建课堂教学过程观》)

教师、学生、教材(类主体)三要素之间属于主体与主体之间的协同关系。它既反对"以教为主""教"霸权,又反对企图以降低教师的地位、淡化教师的作用,来凸显所谓"以学为主"的单极主体地位的做法。它主张教师和学生要成为学习的"伙伴",协同投入对教材文本的"活化",促成教师、学生、教材三个主体之间的对话、交往、互动。

"双因"统一律

"**双**因",这里专指智力因素与非智力因素。就心理过程而言,**课堂教学是智力因素和非智力因素相融合相统一的过程**。众所周知,智力因素包括六个方面:注意力、观察力、想象力、记忆力、思维力、创造力。非智力因素,指与认识没有直接关系的情感、意志、兴趣、性格、需要、动机、目标、抱负、信念、世界观等方面。智力因素和非智力因素从来就是一对孪生姐妹,没有离开非智力因素的智力开发,也没有脱离智力因素的非智力因素存在。"双因"统一律的价值在于,课堂教学中,在完成智力培养目标的同时,自觉地(而不是自发地)激发非智力因素的参与,不仅使"知识与能力"目标有效达成,同时让"情感态度价值观"目标得以落实和升华。

伙伴效应律

《论语·述而》有云:"三人行,必有我师焉。择其善者而从之,其不善者而改之。"意思是:三个人同行,其中必定有我的老师。我选择他善的方面向他学习,看到他不善的方面就对照自己改正自己的缺点。皮亚杰认为最有益的社会互动发生在具有社会性对称(知识、权利等)的同伴之间,这样的同伴更有可能进入真正的理性协商。社会建构主义认为,知识不只是个体与物理环境的相互作用内化的结果。儿童在与成人或比他成熟的社会成员的交往活动(特别是教学活动)中,在他们的帮助下,解决自己还不能独立解决的问题,理解体现在成人身上的"自上而下的知识",并以自己已有的知识为基础,使之获得意义,从而把"最近发展区"变成现实的发展,这是儿童知识经验发展的基本途径。

在班级授课制的环境中,学习不再是个人的事情,而是伙伴互助的过程,且往往会因为伙伴之间知识与能力的对称更容易形成"心有灵犀一点通"的意会效果。

合作,不仅是知识学习的重要途径,而且也是人格修炼的一个重要内涵。

学思结合律

子曰:"学而不思则罔,思而不学则殆。"孔子说:只重学习而不注重思考,就有可能遭到蒙蔽而陷于迷惑;只重思考而不注重学习,就有可能因误入歧途精神疲倦而无所得。"学"与"思"二者不可偏废。"学"是"思"的基础,"思"是"学"的巩固和深化。如果只重视"学",就会成为"书呆子";如果只重视"思",就会成为"空想家"。审视现在的课堂,问题出在重教"学",而轻学"思"。知识网络的建构,一旦缺了思维的黏着,非常容易支离破碎。缺乏思维的"学",其效率必打折扣。

"两化"创生律

　　课堂教学的本质，就是"内化"与"外化"相互创生的结果。当下课堂教学效率低下的原因，主要是"内化"的折扣和"外化"的敷衍。所谓内化，就是师生对教材文本理解个性化意义建构的过程。内化的广度和深度与理解教材的能力成正比例关系。内化不是学生接受教师对教材文本或者教参文本的复制和粘贴，而是对教材文本知识与师生已有的知识经历和生活经验，加之与学生认知基础和生活经历的整合。现在的情况是，不少教师喜好在课堂上将教材文本或者教参文本的复制和粘贴转嫁成学生课堂的记忆。这样的课堂学习，不是"外——内——外"的整合与生成，而是"外——外"的"盗版制作"。这不能不说是一件可怕而又悲哀的事情。"内化"与"外化"都需要主体能动性、创造性的参与，需要在一次次智慧挑战中生成个性化的知识建构。

温故知新律

子曰:"温故而知新,可以为师矣。"(《论语·为政》)查阅多种《论语》的注释:一般都把"温"解释为"温习"。然而对"故"的解释就各不相同了。有解释为"旧知识"的,有解释为"旧的人和事"的。然而,这些解释我始终觉得都不够贴切。以在下拙见,还是将"故"解释为"已有的背景知识和生活经验"好一些。也许读者会指责笔者"以今解故",但是,按照解释学的观点,我们完全有这样解释的权利。这样,全句的大意可以为:"(善于)温习已有的背景知识和生活经验,就可以学会新的知识,这样的人就可以做别人的老师了。"

由此我们便可以得到:**学习活动不是由教师向学生传递知识,而是学生根据外在信息,通过自己的背景知识和生活经验,学习新知识的过程。**既然将此升华为规律认识,那么,在课堂教学中如何激活学生已有的背景知识和生活经验,并且不断沟通与新知识的联系与整合,就成为教师的重要任务了。

愤悱启发律

子曰："不愤不启，不悱不发。"（《论语·述而》）朱熹释为："愤者，心求通而未得之意。悱者，口欲言而未能之貌。启者，谓开其意。发者，谓达其辞。"大意是，只有当学生心求通而未得时，才可以帮助学生开其意；只有当学生口欲言而不能时，才可以引导学生达其辞。"愤悱"是认识的状态，而"启发"则是开意达辞的策略。或有问："为何非'愤悱'而不'启发'也？"这里涉及一个学习效率问题：只有在"愤悱"的情况下"启发"，才能取得学习效率最大化。正如程颐所言："不待愤悱而发，则知之不能坚固，待其愤悱而后发，则沛然矣。""愤悱"是富有价值的一种学习困境。正所谓，"学然后知困"。唯真诚才能生"愤悱"，唯投入才能生"愤悱"。"愤悱"是"求知欲"的写生，"愤悱"是学习"动机"和"需要"的呐喊。"愤悱"是对"启发"的央求，"启发"是对"愤悱"的回应和看顾。缺乏学生"愤悱"体验的"讲授"，往往会沦为孤芳自赏，而对"愤悱"的漠视，只能是教学上最大的无知。创设"愤悱"之情景，感受"愤悱"之困顿，体验"启发"之通达，享受彻悟之快乐，教所以然也，学所以然也。

视野关注极限律

心理学研究表明,一个教师在视力正常的情况下,其视野关注极限为 25 人,再多就会出现顾此失彼的现象。这就是所谓的视野关注极限定律。这条定律对我们有三点启发:

一是有条件的学校要积极推进小班化教学。班额的缩小,教学资源的相对富裕,使教育机会均等成为可能,其教学效益是显而易见的。从我国的情况看,小班化已经成了多数民校的办学王牌。遗憾的是,不少农村学校虽然已经具备小班化的班额,但是依然采用大班的教学模式,人为造成了小班资源的浪费。

二是建立视野资源意识,养成视野转换的习惯。视野是一种教育资源,而且是一种具有神圣意义的教育资源。教师的每一个眼神都是爱。视野关注均等是教师职业良心的应然体现。视野歧视是对学生心灵的深度伤害。在课堂上,由于教师站位习惯等因素的影响,"视野盲区"或者"视野盲点"大多都存在。据笔者多年的观察发现,一般在教师的右后方多有一个"视野黑三角"。课堂上,及时地进行视野转换是教师应该娴熟掌握的教育艺术。

三是对后进生坚持关注优先。后进生之所以沦为"弱势群体",从根源上讲,往往是从视野歧视开始的。君可闻:"你能耐,我不理你行了吧。""某某某,我真懒得看他。""老师啊,给俺一个眼神咋就那么难呢?"难怪学生无奈地编出下面的童谣:"台上老师你看过来,看过来,看过来,寂寞的心灵很无奈,你为什么对我不理不睬?"俗话说:"眼睛是心灵的窗户。"心里有人,眼里才会有人。关注后进是从视野包容开始的。

学习快乐律

　　怎样让学习变得快乐，这是自古就让人探索的问题。尽管我们铭记孔子的古训"知之者，不如好之者；好之者，不如乐之者"（《论语·雍也》），亦不忘"学而时习之，不亦说乎"（《论语·学而》）的教诲，但是，对于"学习如何快乐"的心理机制一直并不明晰。以笔者愚见，冒昧杜撰：**快乐源自成功，成功源自展示，展示源自自信，自信源自预习。换言之，预习催生自信，自信激励展示，展示孕育成功，成功繁衍快乐。**从脑科学的角度分析：自信是快乐的基础。自信能使人进入积极思维状态。快乐和积极思维能使大脑分泌脑内吗啡，又称"愉快素"，同时催生大脑的α波，α波的出现还能促进大脑吗啡的产生，形成快乐的良性循环。所谓"展示"，是指课堂上学生广义的表达，其形式可口头，可书面，可肢体，亦可造型。"表达权"是学生课堂上应该受到尊重的权利。表达是生命舒展的需要。生命舒展的过程，就是快乐体验的过程。给快乐一个机会，就得给展示一个机会；给展示一个机会，就得给自信一个机会；给自信一个机会，就得给预习一个机会。快乐的缺失，往往起于课堂上学生"预习权"的剥夺。在课堂上，想要生产快乐，就得充分满足学生预习和表达的欲求。

"二八"教学律

不少老师时常在为课堂上究竟教多少，让学生学多少才恰当而苦恼。教学的"二八定律"可供参考：一般情况下，课堂上20%的属于重点、难点的内容需要教师教，而80%的内容学生是完全可以自学掌握的。暂时还达不到，那是因为学生的自学能力还没有培养起来。该定律未必作刻板的比值理解，主要是为强调尊重学生的主体地位，让"教"建立在"学"的需要的基础上，从而实现"以学定教"，"以教导学"，"学教互动"，"动态生成"。这里特别需要强调的是，"学"绝不是学生自己的事情，凡是没有教师指导参与的"学"，往往是低效的。"教"也未必就是教师的专利，所谓"兵教兵"也不失为一种有效的"教"的方法。

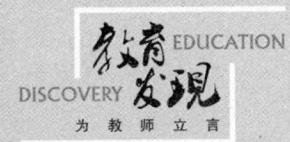

第三章
解密神奇杜郎口

你去过杜郎口吗？你了解杜郎口的课改经验吗？杜郎口中学的教学改革经验一度引起国内教育媒体的关注。《中国教育报》《中国教师报》《山东教育》《现代教育导报》《当代教育科研》相继推出了长篇系列报道。诸如，教改经历、"三三六"教学模式等都有深度介绍。笔者先后多次对该校进行考察，形成如下体会，主要是就某些现象进行剖析，以期探讨这些现象后面的原理，回答这样做"为什么有效"。不知你是否会认同这些观点。

且让"秧田"面对面

到杜郎口中学教室听课,让我们耳目一新的第一印象是,"秧田"式的座次排列被代之以六个面对面的长方形组合座次小组。这一课堂形式的变化参观者有目共睹,然而,在我看来,这绝不仅仅是一种学习形式的变革,更是"对话"课堂的回归。"秧田"式的课堂多适合"看客"和"听众",面对面的形式更有利于沟通、交往、互动。

最近,读了几本汉字研究的书,从文字学的角度,探究古人造字的原始智能,其中"北"字给我启发多多。"北"字,甲骨文写作两个背靠背的"人"字,引申义为"败"。课堂只要缺少对话,没有沟通,其结果也必"败"无疑。再者,面对面还会产生一种心理效应:人际距离的拉近有利于生成对话、互动的愿望,加之面对面还会产生小组成员视野全包含的视觉域,这样就能营造学习成员的心理安全感,便于形成相互激励的机制。

老师，你在哪里

去过杜郎口中学的参观者，课堂上都会在心里发问："老师，你在哪里？"二十几个教室全是这样，寻找教师竟成了一件难事。老师就在学生中间。老师也是学生，学生也是老师。有形讲台的拆除是教师融入学生的必要条件，心造讲台的拆除才是教师融入学生的充分条件。平等的师生关系是课堂民主的前提条件。学生的自主、主人意识和地位，是课堂活力和生机的源泉。这让我想到这样一个故事：

《战国策》中记载：有一次齐宣王要在王宫接见贤士颜斶（chù）。颜斶进得宫来，只见宣王满脸骄气，容貌庄严，高坐在王位上，等候颜向前大礼参拜，但是颜斶走到离开王位较远的一个座位便坐了下来。宣王大声呼唤："颜斶，走上前来！"颜斶岿然不动，高呼："大王，走上前来！"宣王很不高兴。两旁的侍从官员说："颜斶不得无礼！大王是君，你是臣，大王召唤你上前，你不理睬，反而呼唤大王上前，太不应该了，当臣下的可以这样无礼吗？"颜斶回答说："如果我颜斶听到大王召唤立即走上前去，就是趋炎附势；如果大王听到颜斶呼唤立即走上前来，就是礼贤下士。与其使颜斶趋炎附势，不如使大王礼贤下士。"宣王最终听从颜斶的劝说，走下王位，成就礼贤下士的千古美名。

齐宣王礼贤下士的精神给我们很大的启发。作为一个教师要时刻提醒自己："走下来，走下来！"

平等是民主的前提。平等的师生关系是一种动力。

黑板？魔板！

杜郎口中学教室的三面黑板是课堂一道靓丽的风景。我们甚至建议他们申请"黑板面积最大教室"的世界吉尼斯纪录。黑板是最原生态的教学设施，杜郎口中学能把它用到极致状态，这实在令人叹服。在杜郎口中学的教室里，黑板不仅仅是学生展示的主阵地，它俨然就是"魔板"，魔力四射。

魔力一：板式制约机制。在杜郎口中学的教室里，我们都有没有不学习的学生的惊叹，究其原因，黑板的魔力不能低估。我听过的几节课，老师都采取一人一框黑板，先书面板演后口头解说的展示方法。黑板不够用，有些学生干脆用地板，甚至教室外面的走廊、楼梯。这样的好处是充分满足学生展示的欲望，即时客观地呈现学生的学习成果。学习的状况明明白白，没有藏掖的空间。如果不好好学习，板演这一关就一定没法过。

这让我想起了《滥竽充数》的故事：

据《韩非子》记载，齐宣王爱听吹竽，又好讲排场。为他吹竽的就有三百人。他常常叫这三百人一齐吹竽给他听。有个南郭先生，根本就不会吹竽，看到这个机会，就到齐宣王那里去，请求参加这个吹竽队。齐宣王把他编在吹竽队里，并且给他很高的薪水。这位根本不会吹竽的南郭先生，每逢吹竽，就混在队里，拿着竽装腔作势。这样一天天混过去，不曾被人发现。等到齐宣王死了，齐泯王接替王位。他和齐宣王不同，不喜欢听大家一起吹竽，而是喜欢叫吹竽的人一个一个地来吹给他听。南郭先生听到这个消息，只好逃之夭夭，不敢再冒充吹竽人了。

学习只有触及生存模式的时候，学习的主动性才会得到最大的调动。

魔力二：所见即所得。计算机操作平台有一种理念，叫作所见即所得。教室墙壁三面黑板，学生板演过程及结果便于观察，教师环视便可一目了然。过程指导，结果校正，即时高效。对比杜郎口的经验，我们常规课堂的毛病是，一节课下来，多少学生学会了，多少学生还不会，一般教师都不能够做到心中有数。起先我曾想，让学生写在本上不是更快捷吗？考察杜郎口中学后，我终于明白三面黑板的价值所在，见到的才是得到的。

魔力三：板演效应。常规课堂学生的书写量一般都偏少，甚至有些课，干脆"君子动口不动手"。这样的课堂总给人轻飘浮躁的感觉。杜郎口中学恰恰非常重视学生的书写。所谓板演效应，是指学生在板演的时候，对大脑的语言中枢产生刺激作用，在感知协同律的作用下，形成特殊印记，便于提高记忆效率。

我的自信无人敌

我的自信无人敌，
幸福之帆从这里升起，
教改之风吹绿心底。
送走了昔日的沉闷，
带来了欢声笑语。
课堂之上谁称帝？
唯我自己！
智慧在这里启迪，
生命在这里绚丽。
探索个个争先，
发现人人努力。
希望在这里放飞，
我的自信无人敌。

——摘自杜郎口中学黑板报，略有改动

在杜郎口中学，你会发现学生听，全神贯注，聚精会神；说，落落大方，侃侃而谈；读，铿锵含蕴，有滋有味；写，字体工整，快捷潇洒；演，角色投入，体验深刻。学生学得都很起劲。那一脸的自信，张扬着学习的快乐和幸福。在杜郎口中学，他们似乎并不讳言时间加汗水，但是，他们的高明之处在于，相对于一般的"时间＋汗水＝厌学"的逻辑，他们给出了"时间＋汗水＝快乐"的答案。这抑或就是"原始"跟"原创"的区别。我在思考：这快乐的源泉在哪里？杜郎口的经验似乎是在演绎这样一条真理：预习催生自信，自信繁衍成功，成功激活快乐。他们的经验还在证明这样的道理：教不会的不一定学不会；听不懂的不一定学不懂。学会需要条件，预习就是保障。从这种意义上说，剥夺学生预习的权利，就是剥夺学生的自信；剥夺学生的自信，就是剥夺学生的成功；剥夺学生的成功，就是剥夺学生的快乐。

从脑科学的角度分析：自信是快乐的基础。自信能使人进入积极思维状态。快乐和积极思维能使大脑分泌脑内吗啡，又称"愉快素"，同时催生大脑的α波，α波的出现还能促进大脑吗啡的产生，形成快乐的良性循环。

我想唱歌我就唱

曾经听过一首描述毕业班生活的歌:"我想唱歌不敢唱,小声哼哼还得东张西望……"基于"快乐学习,健康成长"的办学理念,在杜郎口中学的课堂上,歌唱已经成为学生表达的需要。2006年4月6日上午,在报告厅的大课堂上,一节以"歌"为话题的作文评点课又一次让我见识了"我想唱歌我就唱"的喜悦场面。优秀作文展评环节,作文中涉及的歌词,学生一律用歌唱表演替代文本朗读。课堂俨然成了歌咏比赛的舞台。

"妈妈的吻,甜蜜的吻,叫我思念到如今……"

"堂堂男子,应该将重任当,犹如明灯将光辉照四方。洪流中冲出谁能挡,砥柱是男儿汉,永不怕浪……"

"一时失志不免怨叹,一时落魄不免胆寒……三分天注定,七分靠打拼,爱拼才会赢……"

歌声此起彼伏。歌与文共赏,师与生同乐。

受现场激情的感染,我联想到了一首歌,一首唱出当年边区百姓翻身做主人由衷喜悦的歌——《翻身道情》,"太阳一出来呀……满山红……"我们虽然不能机械而又残酷地将歌词与学生的生活对照,但是,那种旋律是对解放的一种期盼和歌颂,是对"做主人"的一种惊喜与赞美,尤其是一种力量的聚变和爆发。

对呀，我们的教育是应该"开放，开放，再开放……"

自主是一种生产力。"自主"者，何也？"自"本意为鼻子。鼻子是五官之主。主要功能是呼吸、嗅觉。这些功能都是不可任由他人替代的。学习毕竟是学生自己的事，老师的责任在于，在学生需要"氧气"的时候帮他吸吸氧。自主是一种习惯。这种习惯一旦内化为性格，将会使学生终身受益。

校长听课年过千

跟崔其升校长交谈，他一再强调："队伍是带出来的，不是管出来的。"他说，"课堂改革，只要抓好落实，摽紧课堂，哪有什么难的？""三三六"教学模式的推进，非常重要的是通过听课及时反馈，逐步提升。他带领班子成员带头上示范课，规定班子成员每天听课不少于3节。作为校长，他每年听课都在1000节以上。我敢说，在全国校长群体中，不用说别的，单就听课而言，每年超过1000节的并不多见。一般学校都规定，校长听课每周不少于2节。根据我多年的工作经历，在平时调研和年终评估检查中，不达标的不在少数。一个校长，如果顾不上听课，还忙得不亦乐乎，这样的"敬业爱岗"必须高度警惕。

杜郎口中学课堂教学改革的革命性和全县前三名的高质量，以及学生在高中的发展后劲（在聊城市刚刚结束的高一统考中，杜郎口中学籍的学生有4名进入全市文科前10名），曾经吸引了众多业内人士的眼球。有不少地区或学校纷纷学习推广。但是，在杜郎口经验的推广中，出现了一些问题，值得大家深思。最近，听说山东省内的几个中学推广杜郎口的经验，结果都没有超过百天，就宣布"复辟"。是经验"水土不服"，还是"经"被念歪？在我看来，校长的投入不足恐怕是主要原因所在。

我们有些校长，素养也许不比崔校长低，然而，那份热情，那份执着，那份课堂情结，也许就有差距了。

课堂教学改革，像叶公好龙那样，将一事无成。

刻板坐姿不再有

杜郎口中学对传统课堂的挑战是多方面的，其中对课堂坐姿、坐位的颠覆具有革命性的意义。学生坐着听课，这似乎是天经地义的规则，而且坐一定要端正；每生一位，不能下位、乱位，这些都是教学常规的要求。不仅如此，这里面还蕴涵着对课堂秩序的维护，对学生生命的尊重，因为我们总在想：坐着听课应该够舒服了吧！一厢情愿的"关爱"，激励了这些常规的霸权。但是，我们所有人的体验是，姿势刻板单一，时间长了一定会感到不舒服。

在杜郎口中学的教室里，学生想坐就坐，想站就站，也没有"座位"的概念，教室空间任我游。4月26日下午，我去听一节语文课，学生正在练习背诵辛弃疾的《破阵子》。有的坐着背，有的站着诵，还有几个同学干脆一边在教室里转，一边摇头晃脑地诵读：

"醉里挑灯看剑，梦回吹角连营。八百里分麾下炙，五十弦翻塞外声，沙场秋点兵。马作的卢飞快，弓如霹雳弦惊。了却君王天下事，赢得生前身后名，可怜白发生。"

瞧，那份投入，那份激动，真是"别有一番滋味在心头"。

杜郎口中学的学习站位，多按照学习需要而定，随学习内容的黑板占位而移动，一会儿东，一会儿西，一会儿北（教室南面没有设置黑板）。视距一般都在2—5米之内。

那么，这样的安排究竟为什么受到欢迎呢？这对教学效率究竟有怎样的影响？下面我想从人体工效学的角度做以下分析。

人体工效学是研究人及其与人相关的物体（机械、家具、工具等）、系统及其环境，使其符合人体的生理、心理特性，从而改善工作与休闲环境，提高舒适性和效率的边缘学科。人体工效学认为，人的最自然的姿势是直立站姿。直立站姿时脊柱基本上是呈S形的（正常形）。不过，与直立站姿相比，坐姿有利于身体下部的血液循环，有利于减少下肢的肌肉疲劳，同时坐姿还有利于保持身体稳定。但是，由于坐姿时，骨盆向后方倾转，因而使背下端的骶骨也倾转，使脊柱由S形向拱形变化，这样使脊柱的椎间盘受很大压力，容易导致腰痛等疾病。如果人体能够变换姿势，不断活动，就能减少局部肌肉的持续收缩，减少脊椎板内压。人体不宜长时间处于一个姿势，这是因为，长时间处于一个姿势，会导致肌肉持续收缩，血管受压迫，供血量减少，而导致肌肉迅速疲劳。而站坐姿势变换，可使部分肌肉放松，使肌肉有节律性地收缩和松弛，能起到类似泵的作用，这样可保证供血正常。姿势的变换还会使肢体舒展，有利于气血调畅，同时也可促进大脑和脑神经的血液供应，增强其机能，起到健脑提神、解除疲劳等作用。

2—5米的黑板视距，有利于避免近视和视觉疲劳。这恐怕也是杜郎口中学学生近视率普遍较低（学生近视率为12％）的重要原因所在。

如此看来，这些做法对实现"以人为本，关注生命"的理念追求，都产生了深刻而又有效的作用。

实践比理论更重要

对于杜郎口中学经验的成功,《中国教师报》曾经给予一言以蔽之的评价——"非典型教改"。杜郎口中学的教学改革似乎并不是在什么坚实的理论基础之上进行的,当初也没有什么课题实验方案,他们更注重的是实践。我敬重崔其升校长善于根据"乡土"学情实际,尊重个人实践经验的自主决策、判断、反思,并且不断重建的勇气和能力。我个人认为,我们国家并不特别缺少教育理论大家,恰恰缺少的是教育实践家。许多教育理论家的理想王国真的富丽堂皇,但是,面对鲜活而又残酷的教育现实,能够以身示范者往往又寥寥无几。也许人各有司,我们要求教育大家到课堂以身示范本来就是无理要求。然而,我们的确太缺"苏霍姆林斯基"了,尤其是校长这一层面。崔其升校长的探索,让我们看到了"苏霍姆林斯基"的影子。

哲人有言,理论是灰色的,而生命之树长青。眼下,教育界对理论的重视,胜于对教育实践的重视。甚至,不少人将教育的失误和不足归于理论的缺失。谬矣!我们必须回归实践本源。实践的反思便会诞生理论的需要,并且会生成具有原创意义的理论。

辩证唯物主义认识论认为,要科学、客观地认识世界,必须通过实践。正如马克思所说的:"全部社会生活在本质上是实践的。"人作为主体通过实践认识世界,又通过实践改造世界。人的认识是否具有真理性,这不是一个理论问题，而是一个实践问题，要通过实践证明思维的真理性。

　　作为一个校长，无论如何应该看重自己的实践，看重自己理论的个性化，切不可妄自菲薄，将自己的自尊、自信和幸福淹没在对抽象和普遍理论的崇拜和神往中，淹没在"我理论不行"或"我没有理论"的叹息里……

第四章
信息整合新探索

　　作为现代课堂的一种标志,信息技术与学科课程的整合一直备受关注。当传统遭遇现代,究竟应该如何做好传统媒体与课程、现代媒体与课程的系统整合,有许多问题需要面对和解决。《信息技术与学科课程整合ABC》主张"树立一个新的整合观;坚持两个原则;搞好三个结合;淡化四种意识;处理好五个关系"。《信息化生态课堂理论与模式构建》则从课堂生态的角度思考信息技术的价值。相信一定会给你一些启发。

信息技术与学科课程整合 ABC

信息技术与学科课程的整合是近几年教育界非常时髦的一个话题。由于时髦，其理论研究一直是一个热点，但是在实践操作层面上我们应该遵循的基本问题是什么，却一直不够明确。下面是我这些年来对这个问题的一些思考和探索，姑且称作信息技术与学科课程整合 ABC——树立一个新的整合观，坚持两个原则，搞好三个结合，淡化四种意识，处理好五个关系。

一、树立一个新的整合观

所谓新的整合观，即树立以人为本的整合观。信息技术与学科课程整合，作为一个专用短语，人们对它的理解往往多停留在技术层面。在操作上，只见技术不见人的现象也不少见。不错，信息技术与学科课程的整合的确是划时代教学高科技的一种标志，但是，即使再高的技术，也是为人服务的。如果课堂仅仅成为多媒体功能的展示，成为教师信息技术操作能力的表演，那么，我们就会走入"唯技术论"的泥潭。任何一个技术应用的环节，我们都要问一下，这样是否有利于人的发展。

二、坚持两个原则

我们之所以要追求"整合"，其基本目的无非是企图应用信息技术的手段实现"抽象问题的形象化"和"形象问题的抽象化"。"两化"的问题，既是教学的基本问题，又是教学的难点所在。从认识论的角度来看，解决了"两化"的问题,知识的学习就会找到捷径。所以,在信息技术与学科课程的整合中,我们始终要坚持"两化"的原则。譬如,化学的原子结构图的动态演示、数学的直线与圆的位置关系的动态呈现、生物的种子发芽过程虚拟等等,都有利于让学生化抽象为形象,化复杂为简单。需要特别指出的是,在实际操作中,我们往往过多地注意"抽象问题的形象化",而忽略"形象问题的抽象化"。例如,我曾经写过一个名为"规律为何没找到"的案例。

这是一节数学活动课,从知识的角度分析,其主要目标意在让学生探索数序排列的规律。数序排列的规律对于小学一年级的学生来说的确有一定的难度。课堂上之所以出现学生对规律把握不准,甚至不知所措的情况,主要原因在于教师仅仅满足于学生对出示的问题进行线性的形象描述,而没有启发学生从线性的形象描述中抽象出数序排列的规律性认识。重形象、轻抽象是现在教学过程中存在的一个较为严重的问题,而且这一问题随着多媒体教学的广泛应用,大有愈演愈烈之势。尽管我们知道,儿童的思维特点以形象思维为主,但是,在多数情况下,形象只是手段,而不是目的。形象思维和抽象思维从来都是相互联系的,离开"抽象思维","形象思维"就会大打折扣。教师在课堂教学中,要切实注意把抽象的问题形象化,把形象的问题抽象化。

三、搞好三个结合

"三个结合",即在整合过程中搞好与网络资源的结合、与软件资源的结合、与创新资源的结合。眼下的问题是,我们在整合的过程中特别强调教师创造的能力,甚至追求自给自足地制作课件,多层次地搞课件评选,追求化整为零地搞资源库建设,这些都会将人们引入歧途。尽管我们不反对教师要掌握必要的创生资源的技术,但是我们更应该对教师的精力进行评估，从整合的突击状态转到常规运行状态。我们要鼓励教师多应用现有的软件资源，诸如科利华、翰林汇、K12资源库等，鼓励教师多应用网络资源，尤其要重视应用网校的同步教学资源。

四、淡化四种意识

一是要淡化"课件意识"。课堂是个动态生成的过程。但是，只要你听有课件配合的课，几乎都会发现"老师鼠标不离手，牵着学生的鼻子走"的现象。预设的课件环节唯恐漏掉，教学实现了由"口灌"到"电灌"的提升，学生的主体意识非但没有提升，反而由"被动"走向"电被动"的状态。我们应该提倡课件的环节按钮设计，根据课堂的需要有所取舍。二是要淡化"替代意识"。我们要明白不是所有的教学内容都适合用多媒体表现。如小学低年级的生字教学，我是坚决反对用多媒体投影替代板书的，教师运笔的轨迹是一次极好的示范的机会。手写的感觉会给学生人性化的感染，任何机器的规范都不会达到这样的效果。三是要淡化"控制意识"。其实这一点跟"课件意识"有着更大的联系。学生的讨论只是课件答案演示前的一种造势，答案往往不在学生的思考，而在课件的预设之中。如果我们课堂上要探索的所有问题，教师都准备好了既定的答案，学习的过程就成了一个记忆而非思考和体验的过程。四要淡化"形象意识"。课堂毕竟不能一味地追求好看，花里胡哨，形式主义。不协调的音乐插入，没有知识联系的图画装饰，这些都是有百害而无一利的。多余的形象只能是认识的干扰和负担。

五、处理好五个关系

一是多媒体与传统媒体的关系。多媒体教学设施的配备带来了教学的一次革命。但是，已经有的传统媒体，诸如录音机、投影仪等依然应该发挥作用。只要是教学需要，传统媒体依然要"该出手时就出手"。要追求物尽其用，但不可痴迷多媒体的应用，把传统媒体器材束之高阁，任其蓬头垢面。二是教师整合与学生整合的关系。信息技术与学科课程的整合,如果仅仅停留在教师教的应用层面,就不会充分发挥它的作用。学生能够利用信息技术这个工具自主地进行学习,那才是整合的理想状态。我们要积极探索网络背景下的研究性学习模式,让学生充分享受数字化学习的快捷和乐趣。三是课堂整合与课下整合的关系。就教师而言,课堂上的应用来自课下的充分准备。课下资源占有得越充分,课堂上就会越潇洒。四是"拿来"和创新的关系。信息的不断"拿来"在我们尝受资源共享乐趣的同时,还会让我们产生"信息依赖",这在日常教学中非常多见。诸如课件的照搬,教案的复制、粘贴,论文的拼凑,不胜枚举。长此以往,必然会迷失自我。别忘了"还有我"!对于网络资源我一向主张要进行有批判的吸收,要亮出自己的牌。从某种程度上说,"整合"就是创新。没有创新的"整合",只能是他人"牙慧"的兜售。五是单向学习与多维互动的关系。现在的课堂整合基本上还停留在"单向学习"的状态。我们要充分利用网络平台,运用电子邮件、BBS等网络工具,实现大范围的多维互动。在互动中学会合作,在互动中生成智慧和友谊。

信息化生态课堂理论与模式构建

2010年4月,《当代教育科学》刊发系统介绍高阳中学"信息化生态课堂"的长篇通讯——《齐国古都的一方教育生态》,山东省继杜郎口中学之后,又一所课堂改革典型学校诞生了。为推广高阳中学的经验,山东省教科所于5月11日、12日,在齐国古都临淄隆重召开"山东省农村中小学'信息化生态课堂'现场观摩研讨会"。与会代表400余人,课堂观摩,领略现代与传统融合的魅力;专家报告,共议课堂生态的精彩。作为一个全过程参与"信息化生态课堂"创建的研究者,笔者见证了卞玉陶校长带领全体教师探索的艰辛,深感这一经验具有的丰富内涵。下面,想就"信息化生态课堂"的理念与模式做一些微观的,尤其是操作层面的解读。

一、内涵界说

所谓信息化生态课堂,是指充分利用现代教育理念与多媒体网络技术,遵循课堂的本质和规律,以重建现代课堂生态为旨归,从而焕发师生生命活力,提高课堂效率的课堂改革模式。"信息化",其内涵指向现代课堂上作为教与学工具的多媒体网络背景。"生态",这里指师生的生存状态,意在回归师生之间、生生之间,以及人与环境、人与媒体之间"应然"的和谐关系。另外,人们常常用"生态"来定义许多美好的事物,如健康的、美的、和谐的等事物均可冠以"生态"修饰。其内涵指向事物的本质和规律。

二、课堂原则

信息化生态课堂,其课堂实施需遵循以下"五统一"的原则:

1. 理念与技术的统一。现代教育技术作为课堂生态的要素,其作用显而易见。但是,技术进步的同时,如果没有理念的提升,人只能成为技术的奴隶。传统课堂"以教为主"的"人灌"纵然可悲,但是,现代课堂"技术至上"的"机灌"更为可怕。技术能呈现什么,改变了什么,这些并不难,难的是作为教师骨子里要明白,应该不应该这样呈现,为什么要这样改变。理念滞后于技术的现象应该时刻警惕。所以,我们说理念比技术更重要。理念与技术的统一是我们艰巨的任务。

2. 本质与规律的统一。课堂的本质就是促进师生生命的和谐发展。本质即价值。要确保这一价值目标的实现,教师就不能仅仅信奉感觉、经验,就不能我觉得应该怎样就怎样。"觉然"并不等于"应然"。"应然"的判断需要问明规律的逻辑。"应然"不是感觉和经验的循环。"应然"需要研究的投入。"觉然"皈依"应然",才是我们追求的课堂应有的"实然"。本质与规律统一的价值在于呼唤教师研究的投入,从而让研究与信息化生态课堂相伴。

3. 传统媒体与现代媒体的统一。就媒体而言,高阳中学的所有教室,既有作为现代课堂标志的白板与实物投影,又依然设置了传统的三面环绕墙壁的黑板。我们主张课堂"白"＋"黑",二者不偏废。让白板扩展课堂视界,让黑板呈现生命精彩。

4. 生命活力与课堂效率的统一。信息化生态课堂,其前身名曰信息化高效课堂。从"高效"到"生态"的转身,绝不仅仅是一个词语的更替,这里面的确蕴含着我们艰难的立意的转型。在我们看来,凡是赤裸裸直冲效率的课堂都是不人道的。这并非意味着我们不追求效率,实质上,我们追求的是彰显生命活力的课堂效率。

5. 知识、生命与生活的统一。知识与生活之间没有必然的联系。指导人的生活的是智慧。只有当知识饱含着阳光、温暖与方向，内化为人生的智慧，知识才能具有生命的价值。学习知识的过程，理应是温暖生命、快乐生命的过程。师生在课堂上的生活理应也是温暖的、快乐的。

三、理论的回归与重建

著名教育家朱永新说过："我们需要从教育原点再出发。"信息化生态课堂，就其理论系统而言，并不是什么创新，而是一种回归，尤其是在回归中重建。

1. "以人为本"的实施。科学发展观的核心是"以人为本"。就教育而言，具体地说，就是要以师生的生命发展为本。那么，就课堂而言，我们该怎样落实"以人为本"？由此，我们会得到这样的理解：以学生学习的需要为本，即具体落实"以人为本"。再次追问，学生的学习需要是什么？答曰，学生学出来的问题，即学生学习的需要。如是，我们可以得出这样的结论，所有不能面对学生学习问题的"讲"或者"教"，都是教师一厢情愿的强加。我们并不一味反对教师的"讲"和"教"，我们主张"以学定教"，面对课堂上的真问题、实问题，能有一个明明白白、真真切切的了断。为了便于操作，下面几句顺口溜可供参考："没有学，没有展，紧闭尊口不发言。有了学，有了展，师生一起再点练。"

2. "表达本位"的确立。如何让学生在课堂上有尊严地活着，这是信息化生态课堂必须给予回答的关键问题。尊严的基因是自信，自信的诞生靠表达，这是我们的基本逻辑。孔老先生说过："民无信不立。"我们不妨从"信"字的造字文化中解读出"信"生成的密码。"信"，左右结构，合起来就是"以言立人"。"言"者形态多样，诸如口头的、书面的、肢体的等等。关于具体的教学情境，的确例证多多。假如学生能够在课堂上口若悬河，出口成章，他一定是自信的；假如学生能够下笔成文，潇潇洒洒，他一定是自信的；假如学生能够舒展肢体，以形达意，他一定是自信的。人是表达的动物。表达即成长。表达即快乐。强调表达就是强调展示。课堂因表达而精彩，生命因表达而快乐。给表达一个机会，就是给自信一个机会；给自信一个机会，就是给尊严一个机会；给尊严一个机会，就是给快乐一个机会。

3. 师生关系的回归。所有的改革都是关系的调整。教和学关系的定位，就是重新定位课堂的乾坤。正所谓："天地位焉，万物生焉。"课堂谁为天地？我们不妨从齐文化《王者何贵》的故事中得到启发。"齐桓公问管仲曰：'王者何贵'？曰：'贵天'。桓公仰而视天。管仲曰：'所谓天者，非谓苍苍莽莽之天也。君人者，以百姓为天。'"师者当以生为天，心甘情愿当作地。天地好生生之德，课堂贵互动生成。这就要求教师必须信天道，守地德。天道者，"天行健，君子以自强不息"。地德者，"地势坤，君子以厚德载物"。教室就要担当"厚德载物"的历史使命，成就学生的"自强不息"。教师在课堂上不要与学生争精彩，而要以成就学生的精彩为自己的精彩。

4. 合作学习的价值。信息化生态课堂对传统课堂的挑战是多方面的，其中对课桌排列形式、坐姿、坐位的颠覆具有革命性的意义。课堂学习形式的明显变化，就是改"秧田讲授式"为"合作面对面"。这是对话式课堂的自我回归，是"伙伴"课堂的重建。"面对面"的合作学习，会让学生因为视野的"伙伴"覆盖，产生心理的安全感，并且在"面对面"场域效应的激励下，形成"心有灵犀一点通"的意会效果。坐姿和坐位也都可以按照学习的需要而改变。从课堂生态意义上来看，任何单一姿势的长期维持都是不人道的。人体长时间处于一个姿势，会导致肌肉持续收缩，血管受压迫，供血量减少，而导致肌肉疲劳。而站坐姿势变换，可使部分肌肉放松，使肌肉有节律性地收缩和松弛，能起到类似泵的作用,这样可保证供血正常。姿势的变换还会使肢体舒展,有利于气血调畅,同时也可促进大脑和脑神经的血液供应,增强其机能,起到健脑提神、解除疲劳等作用。

四、课堂模式的重建

信息化生态课堂教学模式区别于其他课堂模式的关键在于,它不是人为强调个性之间的差异,而是特别强调尊重课堂生态的规律,尊重学习认知的一般规律。它体现了课堂规律顺其自然模式化格式化过程。我们不妨作如下的推想:按照课堂的一般规律,要上好一堂课,总是先要明白"干什么(目标)"——然后,应该在老师的指导下放给学生做一做(预习)——究竟学得怎么样,有何疑问,展示出来看一看(展示)——面对展示过程中出现的问题,师生再共同点拨一下(点拨)——最后,通过作业加以巩固(作业)。这样就自然形成了如上所述的"五环节"教学模式。在各个环节的具体操作中要注意以下几点:

1. 目标认定。目标设计要兼顾"知识与能力、过程与方法、情感态度价值观"三个维度。目标设计要具体,忌空泛。2. 自主预习。预习内容要明确,问题指向要清晰。预习指导要得法,具有可操作性。3. 展示交流。展示形式可灵活多样,根据具体内容采取口头展示、文本展示、操作展示等形式。通过展示实现个体学习资源向公众学习资源的转型。要善于利用学习资源转型效应激发学生主动投入,提高学习效益。4. 点拨升华。要充分利用展示资源,通过激励性评价,满足学生的成功体验;通过示范、点拨、分析、讲解等手段,促成展示过程中问题的化解。不要满足于展示资源的定性,要追求展示资源的升华和学生潜能的开发。5. 作业反馈。作业内容要与当堂所学内容结合,要和学生的学习实际相结合。作业要限时操作,课内完成,并及时反馈。

以上模式可以根据教学实际进行灵活变通。譬如,可以把"五环节"分解为两种课型:

1. 预习课

由"目标认定—自主预习—预习反馈"整合而成。

2. 展示课

由"展示交流—点拨升华—作业反馈"整合而成。

需要特别说明的是，不管是哪种课型，必须注意"两个贯穿始终"，即目标贯穿始终、反馈贯穿始终。

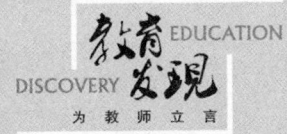

第五章
第三只眼看常规

　　问题最多是常规。这是大家普遍的感觉。常规管理的形式主义,更是叫人深恶痛绝。诸如,笔记检查数字数,备课检查数节数,作业检查数次数……数字游戏,贻害无穷。笔者企图用"第三只眼"透视教学常规管理的细节漏洞,并提出系列解决方案。

　　朋友,你的"第三只眼"或许更加锐利,那就请一起透视这些现象。

"集体备课",不能没有"我"

关于备课,眼下有一个时髦的追求,曰:集体备课。在备课这一环节上集思广益,充分发挥同学科教师的智慧,实现资源共享,这些本无可厚非。但是,由于教学常规管理形式主义的严重存在,由于部分教师对备课打心里不感冒,由于基于懒惰的应付公事的心理,尤其是由于一些地方行政化规范的失误,集体备课存在着大量的问题。诸如,某些地市鉴于新课程改革的难于操作,继而形成"好多教师不会备课,驾驭不了新教材"的认识,干脆组织学科带头人、教学能手组建专家备课"共同体",研发教案并出版发行,供同仁照本宣科;有些单位为了充分发挥骨干教师的作用,干脆将教材按照单元、章节分给某些教学骨干,将教案写好或统一打印下发,或上传校园网,让教师"共享"。如此"集体备课"已经大变口味。

我们应该承认对教材的认识的确呈现层次性,多一点认识和分析的引导是有益的。但是,备课应该是非常个性化的事情。专家替代,骨干替代,"集体"替代,都会带来"我"的消失。趋同的东西太多,个性的创造就会遭遇扼杀。有些认识只要是"我"的,哪怕浅陋一点,也会比专家高屋建瓴的认识珍贵得多。鹦鹉学舌是对自我智慧的虐待。亲爱的老师,课堂上请说自己的话!

备课的本质是什么

我一向以为在课堂上，眼睛离不开备课本的教师是不合格的。教师的备课不是"课堂教学报告文本"，也不是"课堂演讲提纲"，任何照本宣科的传授，其效率必打折扣。"脱稿"授课是对教师的基本要求。

备课的本质，其实就是对教材文本的内化与外化。所谓内化，就是教师对教材文本理解个性化意义建构的过程。内化的广度和深度与驾驭教材的能力成正比例关系。内化不是教师对教材文本或者教参文本的复制和粘贴，而是对教材文本知识与教师已有的知识经历和生活经验，加之与学生认知基础和生活经历的整合。教案的撰写应该建立在这样的整合之上，教案文本的形成是备课外化的一种形式，这种形式的意义在于使大脑中"潜文本""格式化"和强化。

现在的情况是，不少教师的备课仅仅满足于对教材文本或者教参文本的复制和粘贴。这种捷径的失误在于对认识规律的亵渎，不是"外——内——外"的整合与生成，而是"外——外"的"盗版制作"。这种"省事"和"应付"，人们司空见惯，甚至已经作为一种习惯化的东西融入了某些老师的生活方式。这不能不说是一件可怕而又悲哀的事情。凡是不能烂熟于心的备课，都不会享受课堂上话语流淌的潇洒。

新课堂"三个意识"不可或缺

新课程理念下的课堂教学与传统的课堂教学的重大区别在于"三个意识",即目标三维意识、效率意识、创新意识。但是,在现行的课堂教学中,教师多是按照自己的即成经验,凭靠自己的感觉上课。往往是谈话里面嵌入"新课程",而在课堂教学中做不出"新课程"。

首先,要重视目标三维意识。"知识与能力、过程与方法、情感态度与价值观",钟爱前者的大有人在,而能够统整后面两项的就凤毛麟角了。不管是在教案中,还是课堂上,老师多是喜欢知识的罗列和分析,而对教学过程中活动的设计和教与学方法的操作普遍贫乏,能够兼顾"情感态度与价值观"的就更少了。偶尔在课堂上出现目标三维兼顾者,也多为自发而非自觉。造成这些现象的主要原因是,教师在教材处理的过程中投入不足,既没有过程性的体验,又没有方法的归纳,更没有情感态度的参与和价值判断析出。一言以蔽之,只教不学便不会有高效的学。

其次,要讲究效率意识。新课程追求"互动",讲究"动态生成",从"学"的角度看,"互动""动态生成"都是为了"学"的高效。然而,我总有这样的感觉,有些课堂只是追求活动形式的多样,只是想让课堂上热闹一点,好看一些,学习效率却大打折扣。课堂不是花样展示会。

求真务实的教学作风不能丢。那么,制约课堂效率提高的原因是什么呢?在我看来,一是"动"的分解而非"整合"。教师的"动"+学生的"动"≠"互动"。"动"的加法只能是一种算术级数增长的效率。"动"的"整合"才会有几何级数增长的效率。二是"动"的替代。教师的"动"替代学生的"动",学生个体的"动"替代群体的"动"。我一直主张个体的"动"要建立在群体"动"的基础之上。三是"动"的主体错位。课堂上教师的"讲"和学生的"练"相比,往往后者更能决定课堂的效率。课堂上没有充分的"练",就不会有高效率。

第三,要强化创新意识。有一个老师让学生用"炒"组词,学生纷纷响应:"炒菜""炒白菜""炒土豆""炒黄瓜"。这样"炒"下去并没有多大的意义。遗憾的是,教师没有向别的方面进行引导。譬如,来一句提醒:"谁能把'炒'字放在后面组词呢?"这样也许"小炒""爆炒"等词语会出现。假如再能出现"炒作""炒鱿鱼"等词语那就更好了。纵使学生说不出来,老师给予也未尝不可。创新意识制约创新能力,创新习惯制约创新品格。

课堂"四化"能持否

所谓课堂的"四化",指的是教师在课堂教学中,要努力实现"基础化、综合化、生活化、时代化"。下面简要谈一下我的认识。

一、关于"基础化"

反思我们曾经学过的知识,在一生中究竟有多少发挥过效用?每每这样思考,总会发现许多知识只是作为人生中记忆的负担存在过,在生活中很少发挥效用,有的甚至终生处于"休眠"状态。换言之,许多知识都是作为学科意义而存在,而非作为人生意义而存在。在这样一个知识爆炸的年代,我们究竟应该让学生学什么?于是,"基础化"便作为知识选取的一个重要原则被提了出来。所谓"基础化",就是要在教学内容上,敢于对"难、繁、偏、旧"说不,精选"对生活有用的""对终身发展有用"的知识供学生学习。强调知识的"基础化",就目前的情况看,需要避免走向两个极端:一是淡化知识倾向。我们经常会发现有些老师对知识的教学敷衍了事,热衷于操作一些所谓创新性的活动。脱离知识学习的创新,我把它归之于"沙中造塔"。对于新课程的三维目标,我们应该有一个层次性的理解——"知识、能力、过程、方法、情感、态度、价值观"这几个方面,知识应该是第一位的。二是"单极知识"倾向,即只重视知识的传授,忽视能力、过程、方法、情感、态度、价值观的培养。

二、关于"综合化"

一个老师在教数学《时分秒》的时候，先教学生认生字——时、分、秒，这在过去的教学中是无法想象的。新课程呼唤教师的综合意识。教师要敢于按照学生学习的需要，冲破学科壁垒，沟通学科之间的知识联系。"综合化"是知识存在的一种自然状态，"学科化"恰是知识存在的一种人为状态。关于教学"综合化"的策略，我一直主张"文"的要"理"化；"理"的要"文"化，别让学科壁垒把自己禁锢起来，把学生封闭起来。

三、关于"生活化"

我一直在考虑，知识的根基在哪里？人的大脑总是对生活中经历的事情印象深刻，而对单纯的知识的记忆最容易模糊掉。追求课堂教学的"生活化"，既是检验知识效用度的一种方法，同时也是强化知识建构的一种有效方法。记忆中的资料是相互参照的。知识一旦能够与生活资料融合，就能形成"生活建构"。学了《背影》，让学生到生活中寻找父爱、母爱的体验；学了三角形的稳定性，让学生到生活中搜寻例证。作为一种教学追求，亲爱的老师你"生活化"了吗？

四、关于"时代化"

记得在一次全国创新教育研讨会上，我听过一节物理课，课题是《透镜》。透镜的原理老师通过课件和实验的演示表达得淋漓尽致。我在评课中指出了"时代化"不足的问题。非常遗憾，老师没有能够结合教学介绍透镜原理应用的划时代杰作，诸如美国的哈勃太空望远镜、激光武器、高级医用袖珍显微镜等高科技成果。假如他能够补充这些，学生的兴趣该会有多高，说不准将来还会成长起几名光学专家。当下的老师不关注时代是一大通病。教语文的不知道当代文学发展的近况；教数学的不关注划时代的数学问题；教理化的不了解高科技的前沿信息。如果教师的眼睛总是向后看，如果教师的两脚老是踏在历史的脚印上，那么，学生就难以面向时代，面向未来！

作业问题知多少

我敢说，在教学的诸多环节中，作业的效率最低。请问："你为什么布置作业？"假如实话实说，我敢保证有不低于60％的老师都会在心里说："为检查！"如果再往下追问："你们学校怎么检查作业？"我同样敢保证有不低于60％的老师会说："数次数。"于是，"作业本上连篇甲，一到考试就抓瞎"的现象就不足为怪了。不仅如此，老师为了应付检查还有层出不穷的怪招：教师先写好日期，留出空白让学生"填空"的有之；请学生代劳批改作业的有之；学习魏书生，不批改作业的有之；平时只做不批，检查以前集中批改的有之。在许多学校，作业大有"儿戏"化倾向。作业如是，想提高质量？难！难！难！

在我看来，作业的问题主要有三：

一、违背学生的学习规律

就本质而言，学习无非就是一个内化和外化互动的过程。现在的问题是，许多学生的作业不是先内化于心，再外化于本，而是将老师给出的答案照搬到作业本上。作业实际上已经沦为课堂笔记的"复制版"。没有内化的投入，作业的徒劳率只能升高。

二、课内作业时间缺口较大

好多老师都喜欢在下课铃响过之后布置作业，而且这一做法已经作为不少教师的教学方式被顽固地定格。这就是凯洛夫"五环节"程序暗示的结果。试想,教师都将作业推到课下,学生究竟能有多少课下时间?这不是在逼迫学生应付作业吗?课堂上做作业是学生的权利。硬是把作业推到课外,不仅仅是一种教学操作问题,我以为,这里面还有更深层的教学道德问题。洋思中学的"当堂训练"不仅是一种教育模式,还有道德关照和人性关怀在里面。

请归还学生的课堂作业权!

三、"唯数量"评价当休矣

假如作业仅仅是量足、够次数就算完成教学任务,那么作业的效能势必会大打折扣。应该建立数量和质量相统一的作业评价机制。我曾经尝试过"量四质六"的评价方法。作业量和作业次数占四,作业质的考核占六。在每次作业检查的时候,到每个班随机抽取10个学生,随机抽取作业本上的3—6个题进行二度测验,其成绩换算为作业质性评价的成绩。这个办法收到了较为理想的效果。

当然,对待作业主要还是一个态度和事业心的问题。现在教育上的好多事情,都在一种管理的力量的作用下将主动变为被动了。我们呼唤教师使命感的重建,让使命感将被动还原为主动。

在书写中育人

好多老师都发出这样的慨叹:现在的孩子都怎么了?脏兮兮的作业越来越多;皱皮卷角的作业越来越多;书写潦草的作业越来越多。作业的"三多"问题,折射出教育的浮躁和"人本"的缺失。面对这些问题,我们不能等闲视之。作业的"文本"里面有"人"。一摞摞的作业,就是学生成长的一个个台阶。在这些台阶上跌倒了,会影响到未来学生人格的高度。

在我看来,造成"三多"问题的原因主要有以下几点:

一是"文本"里面没有"我"。不少学生都有这样的想法,作业不是我的,是为某某老师做的。没有"我",便不知爱惜,责任心也会打折,应付公事就不难理解了。孩子毕竟是孩子。作为老师就是要跟孩子讲明,作业是生命成长中不可或缺的重要经历。从某种程度上说,对作业的责任就是对自己生命价值的责任。作业和做事是有联系的。一个不认真对待作业的人,其做事又怎能认真?

二是难耐那颗"躁动的心"。只要你查看学生的作业,对错尚且不论,单是"文本"里跳动着的那些"躁动的心"就足以让人担忧。瞧文面,把字写得张牙舞爪者有之,斤斗连绵者亦有之。浮躁是人性的劣根之一。一个连字都懒得认真写的人,他人生的成功系数必然会小。所谓"字如其人""字格如人格""字品如人品",这些话都非常耐人寻味。对书写的态度绝不仅仅是写字的问题,"文本"里面有"人"的精神在。李岚清曾教导广大青少年学生要"规规矩矩写字,堂堂正正做人"。我们必须注意培养学生动笔不苟、逢字规范的书写习惯。正所谓:"心端笔才正,神清字才秀。"

三是作业多必滥。作业要精选,切不可以多取胜。教师精选作业的过程里面,有深度的人文关怀在。作业的效率有以一当十和以十当一的区别。每每让学生做一个作业题,我们都要审视一下:这是"以一当十"的题目吗?作业的精选是减少作业量的前提,作业量的减少又是保证作业质量、规范学生书写的前提。

谁是制约书写速度的"元凶"

书写速度是制约作业效率的重要问题之一。所谓书写速度,就是指书写者运笔的快慢。运笔的快慢,受制于写者反应能力与理解能力的快与慢。一般来讲,书写速度快的,思维的反应与理解也迅速;反之,书写速度慢的,理解与反应也慢。书写速度快的人,一般每分钟可以书写40个字以上,而书写速度慢的人一般每分钟很难超过25个字。就学生的学习生活而言,有些学生之所以感觉学习太累,除了智力与非智力因素的差距以外,累就累在书写速度慢上。那么,谁是制约书写速度的"元凶"呢?

一是书写姿势失当。读写姿势一直是一个老大难问题。我每次听课都特别注意观察学生的读写姿势,而每每都叫人忧虑:读写姿势正确率连50%都不到。有些学生握笔位离笔尖太近,手指遮蔽书写视野,头必须斜趴在课桌上眼睛才能看到手下的字;有些学生非得将作业本倾斜一定的角度才写着顺手。如此姿势失当,想提高书写速度是非常困难的。读书写字伴随人的终生,读写姿势失当将折磨人的一生。

二是字体选择错误。翻看学生的作业,不难发现相当数量的学生都在写仿宋字。我们必须明确指出,这是明显的字体选择错误。仿宋字是一种印刷体,不适宜手写。学生书写之所以出现"仿宋化"的倾向,其主要原因是写字教学的忽视,尤其是软笔书法的忽视。这样一来,学生便只能模仿教材上的印刷体。写仿宋字描画的色彩太浓，想求其速，实在太难。在我看来，作业书写当推楷书、行书。楷书，字之楷模也，其笔画起收有序、笔笔分明、坚实有力，又停而不断、直而不僵、弯而不弱、流畅自然；行书其笔画流畅，书写时如行云流水。

三是字写得偏大。不少学生总喜欢把字写得太满，这样不仅使人对文面产生满涨的感觉，而且还会因为笔画轨迹过长影响书写速度。一般来说，字占字格的三分之二为宜。

四是零星板块记忆。所谓零星板块记忆，是指有些学生在书写时看一个词写一个词，看一个字写一个字，甚至看一个偏旁写一个偏旁的不良记忆习惯。零星板块记忆是提高书写速度的大敌。要切实注意培养学生整句、整行记忆的良好习惯。

五是写字笔压过重。笔压也称力度，是指笔尖落到纸面压力的大小。笔压重，书写的阻力大。一般来说，运笔的阻力与书写效率具有反比例关系。

眼下，我们正处在一个追求快捷、高效的时代，书写速度太慢，会成为提高学习效率的瓶颈。写得慢会转化成过重的负担，甚至会成为能力发展的障碍。训练学生写一手既快又好的字是我们每一个教师最基本的责任。

第六章
课堂医案巧拾"零"

　　新课改的实施给课堂教学带来了新的变化，但是实现课堂的转型决不是一蹴而就的事情。由于传统教学观念和现代教学理念的矛盾和冲突，教师既有的教学方式很难随着课改的实施而退出历史舞台。教学方式的转变是一个艰难甚至是痛苦的过程。有心的老师不难发现，课堂教学中有许多奇怪的"零界现象"。

　　所谓"零界现象"，是指在课堂教学中对某些问题的认识与实践过程中人为"归零"的极端现象。不知你的课堂是否也有这些"零"？如果你有兴趣,咱们不妨去拾一拾这些"零"。

课堂禁忌"零关注"

有一首校园新童谣名字叫《亲爱的老师看过来》，其中有这样几句："亲爱的老师看过来，看过来，看过来，寂寞的学生很无奈，请你不要对我不理不睬……"这首童谣形象地道出了课堂上遭受教师"视野歧视"的学生的心声。作为一名教师，其中一项最基本的功夫，就是要在课堂上做到"视野关注均等"。但是，受视野关注极限（心理学研究证明，正常人的视野关注极限为25人，超过25人就会出现顾此失彼的现象）、教师课堂站位定式等因素的影响，课堂上时常会出现"盲区"或"盲点"。这样，在课堂上常常会有某些学生陷入"零关注"的悲哀。"眼睛是心灵的窗户。""视野歧视"是一种伤及心灵的深度伤害。那么，如何才能解决"零关注"现象呢？建议有三：一是落实"面向全体"的教学理念；二是运用"视野关注极限"理论，逐步实施"小班化"教学；三是坚持"视野关注均等"原则，掌握"视野转换"艺术。教师要明白，每一个眼神都是爱呀！

教学切忌"零起点"

所谓"零起点"是指教师在课堂教学中假定学生对将要学的知识一无所知,教师授课从零开始的一种现象。一次我去听小学一年级数学课,内容是"5以内的加减"。老师一会儿让学生摆小棒,一会儿安排学生进行小组学习,一会儿又让学生做找朋友的游戏。课堂上教师按部就班,教学形式活泼多样。然而,我分明看出,整个课堂上学生仅仅是在按照老师的引导进行活动,学生的兴趣显得淡薄,思维的投入力度不够。经过调查得知,"5以内的加减"学生在幼儿班多数已经学会。但是,教师却没能关注学生这一认知前提,只是坚持"教教材"。学生对司空见惯的内容怎能产生兴趣?已经学过的缺乏挑战性的知识又怎能调动积极的思维参与?"零起点"带来的很可能是"零兴趣"和"零思维"。实际上,学生学任何知识,都不可能从零开始,有些学生可能知道一点,有些学生可能知道很多,有些学生可能都会,有些学生可能比教师要教的内容知道得还深一些。如果教师将课堂教学建立在学生的认知基础之上,那么教学安排的起点就可高一点,在教学创新上的功夫就可下得深一点。这样教学效果一定更好。

课堂怎能"零阅读"

　　天晚上,我应约参加教育在线网站"小学教育论坛"主页的"小学数学教学论坛"活动。在讨论"如何上好一堂数学课"时,不少网友提出为了让学生对课堂保持新鲜感,一般都是采取不让学生看书的策略。这样一来,便出现了课前"零预习"、课堂"零阅读"的现象。平时听课也时常会听到教师说:"同学们,请把书合上,这一节课我们讲……"学生只有洗耳恭听,课堂上读书的机会实在难得。诸君可以随便到课堂上测试,学过去的书让学生读两页,看看语从字顺者有几?可怜,可怜!有些教材学生一遍都没有读完,教师却已经教完了。"苦读寒窗",如今成了"苦听寒窗"。人们不禁要问,书究竟是给学生读的,还是给教师教的?

　　古语云:"读书百遍,其义自见。"叶老也曾说过,课本必须善读。阅读是学生学习权的重要内容。读书是学生主动学习的一种重要形式。课堂上教师能不能少讲点,让学生多读点书?读不好,无须讲。"教"应该建立在"学"的基础上。课堂上教师绝不应该教100%的内容。教学也有个"二八定律",20%的重点难点需要教师教,而80%的内容学生是完全可以自学掌握的。"教"如果过多地替代"学","学"只能处于被动的地位。被动的"学"只能是低效率的。

诸君莫学"零书写"

有一年，我把听过的语文课做了统计：各级研讨会的公开课总共有43节，结果竟有31节课学生整堂不写一个字，占听课总数的72%。这种现象我把它叫作"零书写"。课堂上，学写生字靠"数空"，学习造句"一口清"。听说读，全都用，咋对"写"字不钟情？这的确是语文教学的一种病态现象。这种怪现象之所以存在，在我看来，症结有二：一是"写"为"静"。在老师看来，"静"缺乏观赏效果。二是"写"占用的时间相对多一点，安排"写"会耽误老师、学生表演的时间。现在的公开课虚的东西越来越多，对此，同仁多有非议。课堂只追求轻松、好看，难免落得形式主义之嫌。君可见，课堂笔记有几许？何时退隐不复还！古人有云："不动笔墨不读书。"尤其对于语文教学，书写有着无法替代的功能。写，是思维"外化"的过程。写，是思维格式化的成果。语文课要返璞归真，当听则听，当说则说，当读则读，当写则写！

智慧挑战"零生成"

有一天,我去听小学一年级语文第一册第七课《爷爷和小树》,课堂上"关于'小伞'问题的两个追问"的案例始终在我的脑海中萦绕。课文中有这样一句话:"夏天到了,小树给爷爷撑开绿色的小伞,爷爷不热了。"一个学生提问:"'小伞'指什么?"老师按照生生互动的原则,启发学生回答。一个学生答道:"'小伞'指树叶。"于是,这个问题就这样结束了。紧接着又有一个学生发问:"为什么'小树'撑开的是'小伞'呢?"一个学生回答:"因为是'小树',所以说是'小伞'。"提问题的学生两只眼睛中仍然闪烁着疑惑的目光。这两个问题启发我们深深地思考:课堂上老师究竟应该关注什么?是只关注课前预设的答案,还是应关注课堂上的动态资源?课堂教学是一个动态生成的过程。不管"'小伞'指树叶",还是"因为是'小树',所以说是'小伞'",这都是课堂上生成的动态资源,我们姑且把它称作"此在认识"。"此在认识"还不等于"真理认识"。"此在认识"作为一种资源,我们应该紧紧抓住它,及时加以评估,并且促使"此在认识"生成"真理认识"。譬如,上面的两个问题我们便可以做如下的提升。第一个问题:"'小伞'指树叶。""那么,请问,一片树叶可以叫小伞吗?"学生可能连锁生成:"很多树叶"——"树冠"——"小树"。第二个问题:"因为是

'小树',就一定叫作'小伞'吗?""再谈谈你的理解好吗?""树是小了点,但是,跟伞比较它就是'大伞'。"教师的智慧在动态生成中提升,学生的创新精神在动态生成中逐渐形成。为师当谨记:学生的精彩才是课堂的精彩!

死记硬背"零体验"

有个"盲人摸象演义"的故事,非常耐人寻味。有两位教师采用不同的方法分别教《大象》,效果迥然不同。

教师甲:五个盲人端坐在老师面前。老师先是分别从耳朵、牙齿、身体、象腿、尾巴等来进行讲解。然后,编了一段顺口溜让学生背:"大象的耳朵扁又圆,就像一个大蒲扇。大象的牙齿粗细尖,正像萝卜样一般。大象的身体宽又长,可不就是一堵墙?大象的四腿粗而壮,就像柱子立地上。大象的尾巴细又长,就跟绳索一个样。"整节课就在"讲"和"背"中完成了。

教师乙:看着院子里的一头大象对五位盲人说:"今天,我们学习《大象》。正巧院子里有一头大象,下面就请大家亲自去摸一摸。"盲人在老师的引领下围拢在大象周围。一会儿,他们开始交流起来。盲人甲说:"大象就是一个大蒲扇。"盲人乙说:"大象就是一个萝卜。"盲人丙说:"大象就是一堵墙。"盲人丁说:"大象就是四根柱子。"盲人戊说:"大象就是一条绳索。"老师并没有简单地肯定学生的答案,而是边鼓励、边启发地说:"有点意思。刚才你们各自摸到的可能只是大象的耳朵、牙齿、身子、象腿、尾巴吧?你们再摸一下别的地方,看看谁能最快掌握大象的全貌。"于是,五位盲人又用心摸起来……

从学习方式的角度分析，教师甲的"讲"和"背"，尽管用心良苦，也不乏学法指导，但是由于采用的是缺乏体验的接受式学习，教学仅限于让学生"知道"什么，所以学生的学习效率只能是低层次的。让人遗憾的是，如今凭靠"讲"和"背"吃饭的教师仍然多矣！教师乙的"摸"，采用探索式学习方式，追求学生自身的体验，这样学习知识，一旦被学生掌握便难以忘怀。美国华盛顿图书馆的墙上贴有三句话："我听见了就忘记了，我看见了就记住了，我做了就理解了。"这话很富有哲理。"我听见了就忘记了"，课堂学习如果只是听，即使当时听得清清楚楚、印象深刻，但很快就会遗忘；"我看见了就记住了"，亲眼所见的东西总比耳闻的东西印象要深刻得多，听见的同时还能看见，当然印象深刻；"我做了就理解了"，就是我亲自去探索了，亲自体验了，所以就不仅仅是记住了，而且是理解了。

问题全解"零疑问"

一节课上完,教师经常会这样发问:"同学们,还有问题吗?""没了!"好像课堂上只有教师讲得一个问题也没有了,这才算一节好课。怎样才算一节好课?在评价标准上,我们跟西方比较有着很大的区别。西方的课堂追求,一节好课要使学生从没有问题到发现问题。没有问题便是最大的问题。发现问题就是发现发展空间。著名美籍科学家李政道博士指出:"做学问,需学问,只学答,非学问。"在课堂教学中,教师要善于培养学生的问题意识,培养学生质疑的能力。课堂上要善于为学生开一扇"天窗",留一点"空白"。既要注意让学生带着问题来,又要注意让学生带着问题走。

一味激励"零批评"

如今走进新课程实验的课堂,你总会听到"嘿嘿,你真棒""Good, good, very good"等等课堂激励的语言。甚至,因激励性语言太多,让人感到厌倦。但是,你在课堂上却很难再听到批评学生的话语。一次,我到一个城区小学听课,课堂上有一个男生一会儿朝前坐,一会儿朝后坐,一会儿捅捅这个,一会儿戳戳那个,整节课他根本没有进入角色,他周围的学生也受到了干扰。但是,老师只是忙于对课堂上表现优秀的学生进行鼓励,对这个学生的表现却视而不见,未能给予必要的批评。课堂需要激励,但却不能拒绝批评。有生命必然会有错误,有错误就不能没有批评。如果说激励是一种艺术的话,那么批评同样是一种艺术。当然,批评不应该是打击、讽刺、挖苦,批评应该建立在尊重、理解、责任的基础上。要让学生明白,犯了错误就要承担责任。批评应该掌握一个度,应该讲究方式方法,尤其应该注意培养学生批评和自我批评的精神。学生如果天天生活在激励的赞美之中,他们的性格将会变得脆弱。没有批评的教育是不完善的教育。

当下流行"零板书"

随着多媒体课件在课堂教学中的广泛应用,教师的板书越来越少,甚至在一些公开课上,时常出现"零板书"现象。毫无疑问,多媒体课件的确给教学带来了一场革命,它的特点是形式多样,色彩鲜艳,富有动感,可以节约大量的板书时间。但是,再完美的课件也不能取代传统的板书。其原因有二:首先,课堂教学是一个动态生成的过程,任何预设的课件内容与课堂教学的实际都不会,也不应该完全一致。在课堂上,如果教师的课件意识太强,那只能是课件牵着教师走,教师牵着学生走。课堂上教师为课件所累,学生成了课件的观众。一旦课件扮演了替代学生思维的角色,师生的互动就无法实现,教学便进入了歧途。所以,教师在课堂上,不应该完全拘泥于课件,而应该根据学生学习的实际情况,灵活地改变教学方法、教学策略,这样看来,即兴板书就必不可少。其次,板书的书法示范作用课件无法替代。凡是做过学生的都有这样的体会:"我的字是跟某某老师学的。"教师书法运笔轨迹的特点、间架结构的安排,学生在课上、课下都会进行模仿,教师的这种示范作用甚至会影响学生终生。尽管课件用字字体各异,色彩鲜艳,工整规范,但是由于是一种电子的虚拟,所以并不具备人工板书的示范作用。尤其是低年级的识字教学、数字字母教学,都要特别注意采用传统的板书。我们主张多媒体课件要和传统板书多元共生,取长补短,相得益彰。

以讲带练"零作业"

朋友,如果您也经常听课的话,恳请思考这样一个问题:下课铃响前后教师说得最多的两个关键词是什么?对,"布置""作业"。"课下请同学们把某某题做到作业本上",这句话曾经上百次上千次地刺激我们的耳膜。就这样,课堂上作业的"零",化成了课下作业的"整"。正所谓,课上教师讲讲讲,课下学生忙忙忙!课堂教学效率由此被打了折扣!学生的课外负担由此被人为加重!要解决这种现象笔者有三点建议:一是摆脱传统教学模式的影响,牢固树立"当堂训练"的作业观。凯洛夫"五环节"最后一环"布置作业",其思维定式影响不可低估。走不出传统就无法进行改革。众所周知,遗忘规律的特点是先快后慢。课堂教学如果不能实现"当堂训练",就会成为"夹生饭",课堂教学的高效率就无从谈起。二是必须杜绝"课外圈时"现象的蔓延。某些教师之所以喜欢将作业留在课下,说白了,恰是私心使然,因为他们骨子里有这样的想法——"我不能允许别的学科在课外圈走学生过多的时间"。私心太重必然导致行为的偏激。我们不妨想一想,这科作业课下做,那科作业课下做,学生究竟有多少课下?课下作业的质量又有谁来把关?老师们,请高抬贵手,别把学生仅有的课余自由"圈"走吧!三是切实增强作业效率意识。强化课内作业是提高作业效率的有效途径。其实,课堂教学中的某些"讲",完全可以用课堂的"练"来取代。学生的能力往往不是"讲"出来的,而是"练"出来的。洋思中学有一条成功的经验,他们规定每节课必须得有15分钟时间让学生进行作业训练。由于课堂作业时间有限,一般都需限时操作,这样就会产生"限时效应"。所谓"限时效应",是指人们在学习或工作时只要限定时间,其效率就比平时高的心理现象。这是因为在限时的状态下,大脑相应的神经灶处于高度兴奋之中,大脑意识参与度高,从而使大脑无暇旁顾,专心于某一件事,其效率自然就高。

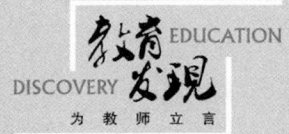

第七章
模式解构与重建

　　模式？对，又是模式。一提模式你是不是觉得有点烦？那你可得消消火。模式是一种客观存在。没有模式的事物是不存在的。恰如地球围着太阳转，月亮围着地球转，应该咋转就咋转，一旦不转准玩儿完。我们从来反对模式一天一个样，莫衷一是瞎嚷嚷。甚至，我们觉得模式的重建未必是一种创新，而恰恰是课堂规律的回归。课堂的确需要返璞归真，回归课堂的本质和原点。那么，咋能让当下的课堂改换模样？读完这几篇文章，你也许能找到一些感觉。

咋能让"篱笆墙""影子"不那么长

"星星还是那颗星星哟,月亮还是那个月亮,山也还是那座山哟,梁也还是那道梁……"《篱笆墙的影子》一直是我喜欢听、喜欢唱的一首歌。我在琢磨,"篱笆墙的影子"实在耐人寻味。三句话不离本行。联系到教育,那根深蒂固的传统教育观念,可不就像那"篱笆墙的影子",挥之不去,去之复来。观念的东西,黏着力太强,形成不容易,更新更困难。乍一听,谁说现代教育观念不好?可是传统观念咋才能更新?要上天摘月亮,你得有"飞船"才行!

那么,更新教育观念的"飞船"是什么呢?你可别怕名词时髦,看看到底管不管用。朋友,你听说过后现代主义吧?记得一次听某专家的报告,突然冒出一个"后现代主义"来,当时我的头脑就发懵。"现代主义"咱都不太清楚,"后现代主义"就更是"丈二和尚摸不着头脑"了。别说,后来一研究,这玩意儿还挺灵。诸君莫嫌啰唆,下面要对后现代主义作一简要介绍。据资料查证,后现代主义是20世纪60年代左右产生于西方发达国家的泛文化思潮,广泛存在于教育、艺术、美学、文学、语言、历史学、政治学、社会学、伦理学、哲学等诸多领域。它以否定、超越西方近现代主流文化的理论基础、思维方式、价值取向为基本特征,是当代西方社会的经济、政治、科学技术状况在观念上的反映。它的主要招数就是解构的方法,即从内部突破的策略,通过揭露近现代哲学文本（以文字形式出现的对象）自身的矛盾，拆解其原有的结构，消除结构中一切确定的和固定的东西，颠倒中心与边缘的关系，消解中心和主体，从而颠覆文本原有结构。就教育而言，启发有四：一是后现代文化的启发。后现代不讲本质，不讲基础，不讲主客二分，不讲结构。后现代文化是没有核心、没有标准的多元文化。诸如教育的本质是啥？是"文化的传递"？是"提高素质"？是"生活"？是"活动"？是"爱"？是"善"？抑或是别的什么？古往今来不知有多少专家在"炒"。"炒"清楚了吗？如此需要复杂思维的命题，恐怕"炒"也"炒"不清楚。如"基础"，是不是"基础"越厚实，人的创造力越强？如主客观是否一定要对立起来等等。二是人际关系上的启发。后现代反对个人中心，认为每个人都不可能单独存在，自我不是自足的，永远处在与他人的关系之中，是关系网中的一个交汇点，自我是关系中的自我。因此，个人应养成"倾听他人""学习他人""宽容他人""尊重他人"的美德。这里对我们重新认识"教学三要素"之间的关系很有启迪。从教育史来看，教师和学生一直围绕"孰为中心"摇摆，好像师生关系非得分个主次轻重才行。近年来又兴起了"主导、主体"说。我真的不知道老师背上个"主导"的规定性，在课堂上如何应对才好。教育怎么了，难道非得把人摆弄得无所适从才好吗？难怪老师都在苦喊"咋越来越不会教了"。在后现代主义看来，教师和学生都是主体，甚至教材也是主体（类主体。教材需要活化。主张师生同教材作者对话。博尔赫斯说过，一切阅读都暗示着一次合作，以及在某种意义上的一次同谋）。三者之间的关系不是谁操纵谁的关系，而是"主体间性"的关系。所谓"主体间性"，即主体之间的交往、互动、相互影响的关系。三是人与自然的关系的启发。后现代反对人类中心主义，强调人与自然是一个有机的整体，世界万物都有其价值和目的，自然不是人们统治、占有、掠夺的对象，而是有待人去照料的花园，从而超越了现代哲学在人与自然关系上的二元对立论。这就启示我们的教育要树立环境意识，人与自然要和平共处。四是在社会群体关系上的启发。后现代明确主张关注处于社会边缘的弱势群体的价值与利益。这一点对于关注后进生的发展有着重要的指导意义。当然，后现代主义也有消极的一面。具体问题需要作具体分析，千万不要走向极端。

　　学一点儿后现代主义理论，掌握反思的一种工具，的确对更新教育观念大有帮助。但愿："星星不像那颗星星，月亮也不像那个月亮。"快让那"篱笆墙上爬满豆角秧……"

"诲人不倦"莫乐乎

"诲人不倦"语出《论语》,意为"教导别人不知道疲倦"。"诲人不倦"作为一种精神历来被为师者效仿,但是,如果我们用现代教育的视角来反思,便不难想到,它抑或就是传统"填鸭式"教学模式的滥觞。试想,为师者时刻以导师自居,"诲人不倦",且乐此不疲,以至于使为学者大为疲倦,其学何以不厌?主动是学生生命的内在需要。学习毕竟是学生自己的事情。从传统追溯的角度我们不妨把孔子和苏格拉底的教学方式加以比较,这样或许对我们能有启发。

孔子和苏格拉底几乎是生活在同一时期的东西方最伟大的教育家。孔子逝世于公元前479年,苏格拉底则在孔子逝后十年(公元前469年)诞生于希腊,两人都活了70余岁。他们不同的教学方式分别对东西方教育产生过巨大的影响。

有一天,苏格拉底的一位很聪明、很富有的学生正在跟同学们炫耀:"我家在雅典附近有一片一望无际的肥沃土地,可大了!"

苏格拉底默默地听着没吭声,之后他不动声色地拿来一张世界地图说:"麻烦你,指给我看亚细亚在哪里。"

"这一大片全是!"

"很好!那么,希腊在哪里?"学生也找出来了。

"雅典在哪?"苏格拉底又问。

"雅典？那就很小了。"学生指着地图上一个小点说。

最后，苏格拉底看着他说："现在请你再指给我看，你家的那片沃土在哪里？"那个学生急得满头大汗，喃喃地说："对不起，我找不到，它太小太小了。"

苏格拉底自言自语地说："是啊，是啊！千万别忘了，太小了！"

苏格拉底的教学多采用对话的方式，在对话中他多半是以提问者的身份出现，学生才是问题的解释者和回答者。问答的过程是一个探索发现的过程。苏格拉底从来不以知者自居。他有一个著名的悖论："我知道我什么也不知道。"这绝不是他过分自谦，而是他的一种教学理念。因此，他有一种开放的心态，任何问题都没有预设的标准答案。在我看来，苏格拉底很可能就是"动态生成说"的鼻祖。

与此相反，孔子的教学与此有着很大的区别。请看下面的几个例子：

子贡问君子。子曰："先行其言，而后从之。"

子贡曰："贫而无谄，富而无骄，何如？"子曰："可也；未若贫而乐，富而好礼者也。"

子贡问曰："孔文子何以谓之文也？"子曰："敏而好学，不耻下问，是以谓之文也。"

一部《论语》21600余字，仅"子曰"两字就有417处。通篇基本上属于"智慧问答"。虽然孔子也主张"导而弗牵，牵而弗达"，但是他时常以"大智慧者"自居，他的责任就是有问必答，"诲人不倦"。他主张，"知之为知之，不知为不知，是知也。"好多问题的答案都是他自己思考的结果。学生的责任就是"听话""知道""记住"。与苏格拉底相比，孔老先生实在包办得太多了。

两种教学方式显示了东西方文化的差异。苏格拉底之后，他的学生柏拉图，他的学生的学生亚里士多德在世界的崛起，甚至于后世西方开放的教学方式的延续与发展，进一步印证了他的伟大。而我们的孔老先生只能独步历史，成为前无古人、后无来者的一代宗师。前无古人是孔子的骄傲，但是后无来者却是孔子的悲哀，是历史的悲哀，是我们民族的悲哀！假如孔老先生真有在天之灵，想必他正在做深刻的反思吧？

"生问师'诲'"这种传统的模式，已经形成了一个套牢历史的怪圈，经过几千年的旋转，"向圈力"依旧那么强大，并且随着时代的发展不断升级新的版本。如今大家比较熟悉的是"师问师'诲'""师问生'诲'""生问生'诲'"三个版本。不管是哪个版本，它的致命弱点是只注重结论，而恰恰将过程丢弃。没有过程的教学就缺乏探索和发现，缺乏感受和体验。这样学知识只能用记忆将"文本""复制"到大脑当中，无法达到理解的层次。学习是一个自我探究的过程，怎一个"诲"字了得！"诲者"好为人师，并且"不倦"，这样势必造成一种"替代"。需要大家注意："教师替代"是对学生探究能力的漠视，"学生替代"也不能算作一种进步。自主学习是学生生命的义务，教师的责任就是充分调动学生自主学习的生命义务感，让学生满怀激情地投入学习中。

"诲人不倦"，别乐！

咬定课改一字"还"

叶澜教授有句名言:"把课堂还给学生,让课堂充满生命活力。"课改就是要咬定这个"还"字。咬定"还"字,就是要在课堂教学中确立学生的主体地位;就是呼唤有思想、有能力、有创造、有追求、主动发展的主体;就是让越来越多的学生感受到自己是自己生命的主人,自己是自己实践的主人,自己是自己学习的主人,自己是自己生活的主人。当学生有了这样的感觉和使命,他才能迸发出生命无限的潜能。那么,在课堂教学中究竟要把什么奉还给学生呢?

1. 要把真爱还给学生。爱学生是教师的天职。人民教育家陶行知说:"不要你的金,不要你的银,只要你的心。"真爱孕育自信,真爱孕育民主,真爱孕育智慧,真爱孕育艺术,真爱孕育创造,真爱孕育个性,真爱孕育人格。一言以蔽之,真爱不能仅仅拥有对分数的冲动与期望,真爱要超越分数的功利,回归人的生命关照。

2. 把课堂民主还给学生。反思我们的课堂教学不难看出,专制、控制、替代思想或行为依然挥之不去,学习自主时常遭遇戕害。放手让学生学一学,有时竟变成一种奢望。试想,课堂如果没有民主的生态基础,创新精神、创新能力就会成为无根之花。课堂民主的基本标志是看学生有没有自主选择的机会,切入点是自主提问,基本形式是自主学习、合作学习、探究学习。民主不是学生"学"的独往独来,其中也蕴含着教师成就民主的智慧和心血。

3. 把学习的时间还给学生。要探索"以学定教"的教学模式改革，在课堂教学中要由以教师讲为主，逐步过渡到以学生学为主。学生在课堂上主动学习的时间要由 1/3 逐步过渡到 2/3。要恢复自习课的法定地位，杜绝自习课分科授课的现象。要严格执行中小学在校学习时间的规定，杜绝加班加点的现象，让学生能够独立支配更为充裕的课余时间。

4. 把学习的空间还给学生。要加大小组合作学习模式的研究，发挥小组学习的优势。要注意沟通书本世界和生活世界的联系，充分发挥各校现代教育技术装备的优势，加强传统学习方法与网络学习的沟通。

5. 把问题设计的权利还给学生。美籍物理学家李政道先生说过："做学问，须学问，只学答，非学问。"教师在课堂上要培养学生的问题意识和问题设计的能力。课堂教学的问题设计要由主要是教师设计逐步过渡到在教师启发下主要由学生设计。要逐步实现由接受型学习向探究型学习的过渡。

6. 把个性和创造还给学生。在教育领域的诸多问题中忽视个性教育是一个最为突出的问题。"一言堂""一刀切"的课堂教学把学生完全置于被动的地位，个性得不到张扬。"个性重于知识"，这是时代对教育提出的新要求。教师应该有一种自觉的意识，意识到每个学生都会有不同个性、不同思想、不同行为，要尊重成才的规律，促成学生个性的发展。尊重学生个性是学生创新能力培养的前提。在课堂教学中，教师必须处理好基础与创新的关系。一方面，不能掌握扎实的基础知识便无从创新，在课堂教学中一切淡化基础知识教学，为创新而创新的做法应该坚决予以纠正；另一方面，在课堂教学中，必须科学设计创新型问题，培养学生的创新思维能力。

7. 把评价的自主权利还给学生。传统的教育观念中，学生是知识的被动接受者，是被评价的对象。而新课改认为，学生是教学活动的主体，也应该是教学评价活动的主体,在课堂教学过程中,更应凸显学生在评价中的主体地位。在课堂教学中,学生既可以对自身学习行为及水平作自我评价,又可以对学生群体学习行为进行评价,还可以对教材及教学内容、教师、教学方法、教学媒体的运用等进行多角度、全方位的多元评价。这样,学生就能在学习中学会评价;同时,在评价中学会学习。

方法比知识更重要

天，我去听小学一年级语文课，其中一个环节是识字教学。所学的生字有"上""下""沙"等。教师把教学的重点放在笔顺偏旁上。"竖——横——横——上"；"横——竖——点——下"；"左边'三点水'右边'少'——沙"。这样教学，学生只能凭借机械记忆学习识字、写字，学习难免枯燥乏味，而且学习效率也不会高。结果当老师让学生听写的时候，就有两个学生把"上"和"下"给颠倒了。学生为什么会出现这样的错误？我们不能不从学习方法的角度进行反思。教师不妨这样教"上""下"："'上'和'下'的'长横'代表地平线，一竖、一横像不像长在上面的一棵小树？一竖、一点像不像长在下面的树根？小树当然要往上长，树根当然要往下长。"教师亦不妨这样教"沙"："'沙'，我们在海边或者河中才能看见。'水''少'之后，才能看见'沙'。"由此我还联想到与"九"相关的几个容易读错和写错的几个字。譬如"染"字，有好多人容易写错。只要你到市面上转转，就能够发现，指"九"成"丸"者大有人在。假如我们知道古代的颜料是从木本植物中提取，染布的时候，要在水里（染浆）多次涮染才能成功，而"九"在古代有"多"的意思，就不容易写错"染"字了。这样学习识字，要让学生忘掉是困难的。好的学习方法，就是先进的学习"生产力"。

大家都熟悉点石成金的故事。这个故事给我们这样的启示，金子固然重要，但点石成金的方法比金子还重要。英国著名生物学家达尔文有这样一句名言："最有价值的知识是方法的知识。"联合国教科文组织出版的《学会生存》一书也强调："未来的文盲不是识字的人，而是没有学会怎样学习的人。"联系到教学，便会得出方法比知识还重要的结论。19世纪德国教育家第斯多惠曾指出："一个坏的教师是奉送真理，一个好的教师则教人发现真理。"

传统的教学，多注重教师的教，而忽视学生的学。我很欣赏教学即教师教着学生学的观点。叶圣陶说过："教是为了不教。"现在虽然也有不少教师提教法研究与学法研究并重，但令人遗憾的是，课堂教学中真正重视学法指导的却不多见。例如，对于大段知识的掌握，有些教师充其量只能从应试的目的出发，强调某某题已考过多次，很重要，要记牢。至于怎么记，那是学生的事情，教师是不操这份心的。

我国著名教育家陶行知先生早就指出："我以为好的先生不是教书，不是教学生，乃是教学生学。"美国心理学家罗斯也说过："每个教师应当忘记他是一个教师，而应具有一个学习促进者的态度和技巧。"教师备课要将"教案"改为"教、学案"。备课必须备学法。学法的确定不能随心所欲，必须符合年龄段要求，符合教材特点，符合学生实际。我们不能追求学法的"多"和"新"，不可强求一课必有一得，而应该注重"同类、一得、一法能够多用"。学法的运用形式上要灵活，内容上要构建由易到难的训练序列。教师不要以"教会"为目的，而要以学生"会学"为目的。

现代课堂教学模式的解构与重建

现代课堂教学模式的解构

作为现代课堂模式的经典代表,凯洛夫的"五环节"课堂教学模式,即"组织教学—复习旧课—讲授新知—练习巩固—布置作业",由于其所兼具的政治执行色彩的持续强化,曾经在我国教育史上长期占有统治地位。广大教师不仅耳熟能详,而且已经潜移默化为课堂教学的习惯。该模式的特点有三:其一,以教师为中心;其二,以教师讲授为主;其三,"先教后学"。《基础教育课程改革纲要(试行)》指出:"改变课程过于注重知识传授的倾向,强调形成积极主动的学习态度,使获得基础知识与基本技能的过程同时成为学会学习和形成正确价值观的过程。""改变课程实施过于强调接受学习、死记硬背、机械训练的现状,倡导学生主动参与、乐于探究、勤于动手,培养学生搜集和处理信息的能力、获取新知识的能力、分析和解决问题的能力以及交流与合作的能力。"要求"逐步实现教学内容的呈现方式、学生的学习方式、教师的教学方式和师生互动方式的变革"。基于此,对现代经典"五环节"教学模式予以解构,成为课堂改革的重要任务。

二、新课堂教学模式重建的原则

1. "面向全体"原则。"面向全体"要求在课堂上,要让不同层面的学生都能获得发展,而不是仅仅面向优、中、差某一个层面。多层面问题的互动对师生具有智慧挑战价值。面向全体学生，要求教师通过优化课堂结构，创新教学模式，落实面向全体的目标。课堂不能建立在教师"以讲为主"的模式上，"教"要以"学"的需要为基点，课堂教学要变成"基于问题的解决"。在课堂上，教师要公正、平等地对待每一个学生，一视同仁，不偏袒、不偏心，满腔热忱地关心每个学生，热爱每个学生，针对每个学生的实际，全心全意教育好每一个学生。

2. 主体性原则。建构主义认为，知识习得不是通过教师传授，而是学生在一定的情境下，借助"伙伴"的帮助或人际间的协作活动而实现的意义建构过程。因此，我们要充分认识"主体发展""主动发展"和"合作学习"的价值，把一切外在的影响因素转化为学生的内在需要和主动进取的动力。在课堂教学过程中，必须以培养学生的兴趣，调动学生的积极性、主动性、创造性为出发点，引导学生形成主动学习、积极思维、主动探索、主动发展的习惯。

3. 创新性、实践性原则。课堂教学要赞赏学生的独特性和富有个性化的理解与表达，注重培养学生的批判意识和质疑精神，鼓励学生对书本和教师质疑。要积极引导学生参与实验活动和实践活动，培养学生乐于动手、勤于实践的意识和习惯，切实提高学生的动手能力、实践能力。

4. 主体协同原则。在教学过程中，我们应该把师生的教学活动当作有机整体，而不是将"教"与"学"各作一方来处理；要把教学过程看作是师生为实现教学任务和目的，围绕教学内容，共同参与，通过对话、沟通和合作活动，产生交互影响，以动态生成的方式推进教学活动的过程。教学过程中师生的内在关系是教学过程创造主体之间的交往（对话、合作、沟通）关系，这种关系是在教学过程的动态生成中得以展开和实现的。在课堂教学中我们既要反对"以教为主""教"的霸权，又要反对企图以降低教师的地位、淡化教师的作用，来凸显所谓"以学为主"的单极主体的做法。我们主张教师和学生要成为学习的"伙伴"，协同投入对教材文本的"活化",促成教师、学生、教材三者之间的对话、交往、互动。

5. 目标统筹原则。课堂教学要将"三维目标"统筹安排。在课堂上除了关注学生知识技能目标的达成以外,还应关注学生的学习过程和情感教育、价值观教育。

三、"新五环节"课堂教学模式基本要求

教学模式是指导教学活动的一种计划或范型,是教学过程的结构性表述。重建新的课堂模式,把"以教为主,先讲后练"的教学模式转变为"以学为主,先学后教"的教学模式,是"理想课堂"面临的首要任务,必须摒弃不顾学的需要,先按照教师的预设,按部就班地讲一遍的陈旧模式。为增强"理想课堂"的可操作性,创建体现现代教育理念的课堂教学模式是非常必要的。总结全区"理想课堂"建设经验,相对于凯洛夫"五环节"教学模式,我们初步形成了"新五环节"教学模式。具体结构如下:

按照课堂的一般规律,要上好一堂课,先要明白"干什么(目标)";然后,应该在老师的指导下放给学生做一做(预习);究竟学得怎么样,有何疑问,展示出来看一看(展示);面对展示过程中出现的问题,师生再共同点拨一下(点拨);最后,通过作业加以巩固(作业)。这样就自然形成了如上所述的"新五环节"教学模式。它不是一种人为的规定,而是对一般课堂教学规律的概括。

正是:

三维目标记心间,学展点练四连环。
没有学、没有展,紧闭尊口不发言。
有了学、有了展,师生一起再点练。
课堂原本很简单,模式一变一重天。

四、教学模式的价值思考

教学有法，而无定法。我们主张，"建模"是为了提供"入模"的操作路径。"入模"不是为了"定模"，而是为了"出模"，"出模"才能逐步形成各自的模式风格。各个学校完全可以根据学校和学科的特点，创新各自的模式。符合课堂教学规律，适合学生实际，有利于提高教学效益的模式，就是好模式。我们追求教学模式的百花齐放。但是，我们并不能屈从"反模式"的固执。模式是一种客观存在，它是关于过程和结构的表述。"反模式"倾向多来源于既有模式惯性的卫道和排异。课堂改革需要胸怀，变中求创何乐不为？

新课堂导入实操"133"

作为新课堂代表范式的高效课堂,其改革触及课堂的具体细节,其中课堂导入就是一个全新的挑战。那么,高效课堂导入的实际操作应注意什么呢?为了便于表述和掌握,不妨概括为"133"——"1"即实现一个转型,"3"即兼顾三种课型,最后一个"3"即每一种课型提供三种导入方法供大家选用。

首先,要实现课堂导入的一个转型。就高效课堂导入这一环节而言,其与传统课堂最根本的区别就在于实现从"导教"转型为"导学"。"导教",就是为了教师"讲"的出场,搭台子、铺路子、弄阵子。导语设计往往不吝奢华,讲究雕琢,强调艺术。"导学",则是为学生"学"的投入,打场子、指路子、点捻子。导语设计需要回归自然,返璞归真,简洁明快。

其次,高效课堂的导学必须兼顾不同的课型特点。高效课堂的主要课型分为三种:预习课、展示课、反馈课。下面,每种课型提供三种导入方法供大家参考。

一、预习课

1. 目标导入法。直接将学习目标的认定作为课堂的导入。例如,学习数学《点线面体》,就可以这样导入:"同学们,今天我们学习《点线面体》,学习本课请大家关注以下目标:①知识:进一步认识点、线、面、体的几何意义；②能力：加深对点、线、面、体之间关系的理解；发展形象思维和抽象概括能力；③情感：通过探究点、线、面、体之间的关系以及线、面的不同类型，初步感知分类与化归的数学思想在几何中的应用；通过联系实际认识点、线、面、体，体会数学与现实生活的密切联系。下面，请围绕以上目标展开预习。"

2. 问题导入法。一种基于发现问题的课堂导入方法。例如，学习高尔基的《海燕》一课，就可以在问题征答的基础上，整合出以下几个问题：①了解作者及其作品，以及散文诗的体裁样式；②体会欧式长句的语言风格；③理解象征、对比手法及其作用；④理解典型环境与典型形象的关系；⑤理解"海燕"这一敢于搏击暴风雨的勇敢形象，学习它不惧怕困难的战斗精神。然后，针对这些问题展开预习。

3. 流程导入法。一种靠流程确认，建立自动化预习机制的课堂导入法。这种方法通常需要凭借导学案进行，主要是借助导入这一环节，对预习目标、独学、对学、群学、预习反馈等的顺序和时间加以确认，以保证预习的有效进行。

二、展示课

1. "小展示"导入法。为了确保班级展示得有效，展示课导入多采用"小展示"，也就是小组交流预展的方法。"小展示"导入，不仅能够让学生直接进入重点内容的学习，而且可以大大提升学生参与班级展示的自信心。

2. 板演导入法。高效课堂多是一种自动程序。许多高效课堂展示课，一上课，各小组会按照导学案的展示任务分工，把展示内容板演在黑板上。这种方法其实是一种没有导入的导入。

3. 随机抽样导入法。在一些不能人人展示的课堂里，究竟谁参与展示，这的确是个问题。那么，究竟怎样选取课堂展示的代表才能够确保机会均等？这就需要引入数学随机抽样机制。于是，随机抽样确定参与课堂展示人选，就成了展示课导入的一种形式。

三、反馈课

1. 成果分享导入法。分享是课改的重要理念。反馈课的导入，提倡通过让各小组交流展示合作学习成果的方式，把导入的过程同时变成学习成果分享的过程。

2. 错例分析导入法。错例是一种重要的课堂资源。在导入这一环节，充分运用错例资源，能够让学习更有针对性，更有效。

3. 拓展延伸导入法。反馈课特别重视知识的结构化、系统化，于是，拓展延伸就成了反馈课常用的导入方法。就知识本身来说，拓展的维度可分为横向的拓展和纵向的深化。就知识的应用而言，又可分为社会的、时代的、生活的联系。这就要求在导入这一环节，激活学生的多元思维。

以上只是高效课堂分课型导入的举例，并非全部。再者，把分课型要素加以整合，一气呵成的课堂也很多见。只要大家走出一味"导教"的误区，本着简洁、质朴、实用的原则，肯定会创造出更恰当的导入方法。

新课堂结语指要

新课堂的结语究竟与传统课堂结语有着哪些本质区别？答曰有二：一是主体不同。新课堂是以生为本的课堂，当然，结语的施事依然是学生。实现从"师结"向"生结"的转变应是首要的任务。二是方式不同。传统课堂的结语多是教师课前预设的"粘贴"和"再版"，施事是教师，受事是学生。传统课堂的教师霸权覆盖，是不会将结语这样的环节还给学生的。新课堂呼唤从预设走向生成。"生成""生成"，有"生"才能"成"。"生成"是现场的挑战，"生成"是当下的智慧。

基于此种认识，下面，我们从具体操作的角度来看几种新课堂结课形式。

收获分享结课法。一种常见的新课堂结课方法。各小组通过交流学习收获，进一步强化知识的再认知，明晰知识脉络，分享学习成功的快乐。

团队评价结课法。新课堂强调以小组合作学习为基本的课堂学习形式，因此，利用结课这一环节对各小组课堂学习情况进行激励性评价，及时评选出优胜小组，对于培养团队精神，培养合作学习能力有着重要的作用。这也是新课堂评价与传统课堂评价的根本差异。需要特别注意的是，个体评价的惯性，往往会耗散团队评价的效果，团队评价的可持续操作，应该成为大家的习惯。

知识建构结课法。高效的课堂学习一定是结构化的学习。所以，叶澜教授主张"学结构，用结构"。在结课环节，通过"知识树""纲要信号"等工具，建构知识框架，形成知识系统，引领学生把散乱的知识点连成线，把线连成面，把面合成体，这的确不失为一种事半功倍的结课方法。

课外拓展结课法。叶圣陶先生说过："教材无非是个例子。"课堂学习蕴涵着一种价值，就是从课内走向课外。譬如，在学完《念奴娇·赤壁怀古》一词之后，可以设问：此中有云"谈笑间，樯橹灰飞烟灭"，你能从课外阅读中举出具体的战例吗？再如，学完《勾股定理》之后，可以这样结课：勾股定理是人类最伟大的科学发现之一，但课本提供的证明方法比较有限，请充分利用网络资源去发掘更多的方法，相信你一定会为古今中外数学家的奇思妙想所惊叹！

问题研究结课法。研究性学习是新课程的一个重要门类，遗憾的是，就我的了解来看，这是最被忽视的一门课程。新课堂追求结合教材所学，把某些世界的、历史的、时代的、社会的问题，变成学生研究性学习的课题，利用科学的方法加以研究，提出解决问题的方法，借此培养学生的社会责任感和问题探究能力。例如：一次我去听一节名为"环境保护"的思品课，结课的时候，大家一致赞同对学校周边环境开展调查，并撰写《学校周边环境污染源调查报告》。

以上几种方法，仅供大家参考。只要大家不再走传统课堂的老路子，课堂诸多环节的创新就会不期而至。

预习金点

预习,作为高效课堂的重要环节,越来越受到大家的重视。如何才能确保这一环节在不断创新中提高效率?以下几个金点可供参考。

一曰立足点。高效课堂的预习,不是一般意义的"同学们,请自己先看看""把不懂的内容圈圈、点点、画画",也不是"找出自己不会的问题,为教师讲课做好准备",而是立足于学生原始"学习权"的归还,基于问题解决的、深入的、系统的自主学习。高效课堂不主张预习为教的"二传""留后手",而是凭借预习,让学习直接发生在学生身上。

二曰时间点。在侵占学生课余时间成为习惯,甚至靠占领学生课余时间,标榜对学生"负责"的当下,高效课堂旗帜鲜明地主张:预习的规定时间点应该在课内。诸如,课前有预习,课后有作业之类,都是对高效课堂的亵渎。谁英雄,谁好汉,课堂效率比比看。高效课堂之所以要高效,其实质还在于把课外的时间和空间还给学生,促进学生的多元发展。

三曰关键点。当我们强调"学"的时候,并不是在否定"教"、限制"教",而是呼唤"教"的转型,即由前台转到后台。当下的情况是,不少教师进入课改之后,遭遇到了"后台的迷茫",有些甚至患上了"后台失落症",继而发展为"后台不作为"。预习效率的高低,关键点就是后台的"教"要为前台的"学"提供知识建构的"脚手架"和行之有效的学习方法。纵观课改现状,"怎么学"的缺失,充分印证了"后台不作为"的无奈。

四曰增长点。预习要用一个字概括,就是"学"。高效课堂的"学"是个多元的概念。一"学"是"三学",即独学、对学、群学。其中对学、群学就是合作学习。合作即生成,生成即增长。合作以独学为基础,独学得充分,才能确保合作的有效。合作的具体操作,要按照学习的需要选择或对学,或群学的形式,切忌一味追求"大呼隆"。

五曰创新点。预习环节的创新,需重点关注以下三个问题:一是实现预习操作从"试题化"向"问题化"的转型,要回归课堂的问题本位。二是从学案预设问题牵引预习,向学生自主生成问题预习转型。发现问题就是发现发展空间。培养学生提出问题的能力,是培养学生自主学习能力的前提条件。从提出问题,再到"我的问题我解决",实现从自主提问向自主解决的学习飞跃。三是从目标认定,向生成目标转型。既然是预习目标,就不应该成为教师的专利。三维目标也不应该仅仅是教的概念,要逐步变为学的概念。课堂的经典开场白应该是:"同学们,今天咱们应该学点啥?"

探究的路径与方法

新课堂核心理念:"自主、合作、探究。""探究"位居第三,这种"三合一"的理念体系,在课改中我们称为"组合拳"。如果说"自主"是一种状态,"合作"是一种方式,那么,"探究"的价值就在于它是对前两者的整合性实践。学生的课堂学习力就是凭借这种整合性实践而练成的。于是,我们说,你对学习的"爱"有多深,你在课堂上的"探究"就会有多深。以此类推,大家还会惊奇地发现,你在课堂上"探究"的深度,还直接关乎你"快乐"的程度。从脑科学的角度来分析,"探究"作为一种积极的思维活动,能使大脑产生一种叫作神经肽的物质,人称"愉快素"。因此,"探究"不管是其过程,还是成功当中,都伴随着一种"幸福美感"的体验。正是从这个意义上,我们说"快乐和幸福是一种物质"。只要在课堂上让学生的大脑中分泌出"愉快素",纵然你想让学生不快乐也没有一点办法。课堂上缺少快乐,再深一步看,其实就是缺少"探究"。

课堂一"探究",学生就快乐。这就是新课堂的快乐密码。

然而,由于课堂"灌输"行为的根深蒂固,"探究"在课堂上的呈现依然步履蹒跚。有相当数量的教师依然笃信"授受"之学,把"静态"识记当作法宝。敢问"探究"路在何方?课改让你不再迷茫。学生课堂"求解放","当家做主"新课堂。在新课堂中,"探究"的路径是这样铺设的:"解放"—"自主"—"好奇"—"探究"—"发现"—"成功"—"快乐"。学生一解放，学习就自主；学习一自主，未知就好奇；未知一好奇，就会去探究；学生一探究，就会有发现；一旦有发现，感觉就成功；感觉一成功，生命就快乐。新课堂的智慧在于，不仅指明探究的路径，而且，进一步通过程序化的模式"固化"，使探究成为课堂的实操。具体操作模式是："目标"引领探究，"预习"落实探究，"展示"分享探究，"点拨"深化探究，"作业"巩固探究。正所谓：探究的道路我来走，快乐幸福属于咱。

行走在探究的道路上，灵活运用探究方法才会收到事半功倍之效。概而言之，探究方法有四：一曰自主探究。自主探究是学生最核心的能力素养。新课堂主张：用我的眼睛去观察，用我的耳朵去倾听，用我的大脑去思考，用我的嘴巴去表达，用我的双手去操作，用我的生命去体验。在新课堂的话语系统中，倡导"我提问""我质疑""我以为""我发现"。特别需要警惕的是"探究替代"现象，务必要成就学生"探究当中有个我"。二曰合作探究。近年来的科技类诺贝尔奖单项多人分享的现象引起世人的高度关注。合作是时代的潮流。所以，新课堂提到"学"的时候，有"一学是三学"的术语，主张在独学的基础上，通过对学和群学成就学生的合作探究。而且，为了确保合作探究的有效实施，一改"秧田式""排排坐"的刻板座次，调整为"面对面"的围坐小组。关于这一点，前文《合作新说"十二点"》已有叙述，不再赘言。三曰课内探究。卑之无甚高论。前面已有交代。只是作为一种类型对称分列于此。四曰课外探究。恰恰是这一点应该引起大家的高度重视。所谓"新课堂的功夫在课外"，道理就在于此。再说深一点，探究不仅是一种学习方式，而且是一种生存方式。有两点建议给大家：一是利用节假日等时间，积极开展探究性学习活动，借此养成学生关心社会、关心生活、发现问题、探究问题、解决问题的使命感和探究素养。二是鼓励学生广泛阅读，去探求人类的真理，去发现文化的灿烂，去触摸科技的奥妙，去拥抱大师的智慧。

重建课堂问题观

如果用一句话概括课堂的本质，我们可以说，课堂就是"基于问题的解决"。课改中几乎所有问题都是课堂"问题"衍生出的。重建课堂问题观是新课堂创建过程中的一个核心问题。从实践操作的层面谈，以下"四个转型"尤其应该引起大家的重视。

一是实现导学案从"试题化"转型为"问题化"。关于这个问题，在《导学案的问题诊断与矫正》一文中曾作过简要的分析，这里还想再说几句。新课堂主张学习就是与教材文本的对话。学习不仅是对教材文本知识的认同、接纳、识记、收藏，而且应该有属于自己的发现和创造。提出问题，分析问题，解决问题，依然是学习的一般路径。一味地把教材文本试题化，是应试教育的"老把戏"。只要是课堂上把学生当成做题的机器，课堂就被异化了。"一灌到底"不行，"一练到底"也不行。当然，我们强调"试题化"向"问题化"的回归，并不是说就不允许设计练习题，不允许做题，必要的练习当然要有。我们反对的是清一色的"试题化"，反对打着课改的幌子，让"题海"在课堂上泛滥。

二是实现从"教"的问题转型为"学"的问题。纵观课改实践，几乎所有问题都是教师设计的问题，甚至，经过集体备课的强化，使"教"的问题得到进一步的统一和规范。即便"教"的问题是为了"学"而设计的，对学生来说依然会有一种被动感。一次，去听小学语文课，老师开篇就问："同学们，今天咱该学点啥？请各小组把你们的问题展示在黑板上。"不一会儿，黑板上纷纷呈现出各小组的问题，而且，问题下面注着组别和姓名。老师面对各组展示的问题，带领同学们进行了分析归纳，评选出本节课的几个重点问题，期间，老师也补充了自己的问题。之后，围绕本节课的重点问题展开自主学习。这堂课令人耳目一新。自主学习始于自主提问。发现问题比解决问题更重要。如果说自主学习能力是学生素质的核心，那么，发现问题、提出问题的能力就是自主学习的基础。这里有个"我问效应"。所谓"我问效应"，就是指学生往往对自己提出的问题比对他人提出的问题更情愿投入精力去探索解决的心理现象。学习难买"更情愿"。"更情愿"就是"更投入"，"更投入"才会"更高效"。

亲爱的老师，请学会说："同学们，今天咱该学点啥？"

三是实现从"小问题"转型为"大问题"。有一次我到初中去听英语课，不到5分钟老师竟然连续问了12个问题。这样算来，一节课下来少说也有100个问题。小问题的线性排列，串问串答，依然还有市场。我将这样的课定义为"小问题灾难"。我的观点很简单：问题只要碎，自主无处寻。老师对课堂的控制，最简捷的工具就是"问题"。老师的课堂控制指数与问题的数量成正比。我们还需清楚地明白，"小问题灾难"是扼杀学生系统思维品质的罪魁祸首。所以，我们呼唤教师要树立大问题意识，而且要启发学生学会系统思考问题，系统提出问题。另外，还要学会集约提问，逐步地适应"问题不放单，一放就是三。集约求高效，自主添空间"。

四是实现从单一问题类型转型为多元问题类型。就问题类型而言，一般可分为三类：一种叫作"呈现型"问题；一种叫作"发现型"问题；一种叫作"创新型"问题。所谓"呈现型"问题，就是靠提取记忆就能回答的问题。所谓"发现型"问题，是指通过探索研究、推理论证才能解决的问题。所谓"创新型"问题，多指答案具有不确定性，通过想象、创造给予多元回答的问题。了解了问题的类型，老师们不难发现，在许多课堂上问题类型的设计是比较单一和失衡的。亲爱的老师，您不妨参与进来，看看哪种类型有点滥，哪种类型更罕见。你的眼光真准："呈现型"问题有点滥，"发现型"问题较少见，"创新型"问题更罕见。这也普遍反映了我们课堂价值实归现状：重视"记忆之学"，忽视"探索体验"，缺乏"创新实践"。更为可悲的是，把原本属于"发现型""创新型"的问题，蜕变为"呈现型"问题来"记忆"，学生探索、创新的潜能就是这样被活生生地打磨掉的。学生的探索、发现、创新能力是以相应类型问题的解决为凭借的。给"发现"一个地位，就是给"探索"一个空间；给"创新"一个关照，就是给"个性"一个恩典。

愿我们的课堂上多一份"发现"，多一份"创新"！

新课堂集体备课"三级跳"

——评张文超老师全国"科技与课改"研讨会示范课《定义与命题》导学案

5月24日下午,在全国"科技与课改"研讨会暨中国区域课改共同体(2011)年会上,来自山东省淄博市临淄区第二中学的青年教师张文超应邀为大会执教示范课,课题为《定义与命题》,示范课取得了圆满成功。与会代表都被课堂使用的导学案迷住了,那么,这份导学案究竟有什么与众不同?它究竟是怎样形成的?下面想结合新课堂集体备课的改革,谈几点体会。

在我看来,与传统课堂相比,新课堂的集体备课应该实现模式、方法、技术的三个超越,姑且称之为"三级跳"。

一要实现从"教程"向"学程"的超越。大家都曾问个不休,什么才是课堂改革的突破口?我也曾经跟一些老师说过:"理念一变天地宽。"但是,为什么从2001年6月国家颁布《基础教育课程改革纲要(试行)》以来,"自主、合作、探究"成了教师的口头禅,而真正能够"自主、合作、探究"的课堂,在全国依然鲜见。作为全国研讨会的大课,张文超老师在自己学校进行过三次试教。一次次的反思,一次次的提升,目的只有一个,就是从"以教为主"转变为"以学为主"。最后,我们大家集思广益,决定以流程固化为抓手进行突破。于是,就有了导学案的五大流程:学习目标—自主学习—展示交流—点拨升华—课堂作业。之后,又对每个流程进行了活动细化，共形成了以下九个活动：1. 学啥我知情；2. 温故能知新；3. 概念我能懂；4. 辨析我能行；5. 问题我解决；6. 展示我精彩；7. 点拨我提升；8. 作业当堂清；9. 挑战我接招。假如你仔细玩味，就会有许多发现，诸如，大流程和小活动的时间预设，独学、对学、群学的时间分配，学习活动的具体名称，都暗含着"以学为主"理念的内化和激励暗示的提醒。我们不难体会到，从"教程"向"学程"的超越是新课堂的前提和突破口。没有清晰学程，自主寸步难行。

二要实现"教法"向"学法"的转变。大家可能发现，《定义与命题》导学案专门有一栏是"学法指导"。传统课堂多侧重关于如何教的预设，新课堂呼唤"怎样学"的指导。从面上来看，这一点非常薄弱。老师们很容易用流程代替学法指导，用任务代替学法指导，用要求代替学法指导，这样容易导致学生盲目的学。盲目的学一定是低效的学。新课堂主张把"教"和"学"当作整体来对待，主张让学生学的时候能得到藏身于后的"教"这一"脚手架"的支撑。如，导学案设置了与学习活动对称的方法指导，尤其难能可贵的是，在展示交流环节生成了以"纲要信号"为框架的知识结构，这样就容易让学生系统地把握学科知识，收到点石成金的功效。

三要实现从"黑板"向"白板"的超越。本次会议主题为"技术与课改"，现代教育技术作为新课堂的划时代标志，无疑引领着课改的方向。从严格意义上来说，没有现代教育技术的课堂，都不能称之为新课堂。因此，实现"黑板"与"白板"的融合，靠学生的信息素养引领自主学习就成为当今课堂改革的重要任务。有一个很现实的问题我们不能不思考：有了"白板"之后，"黑板"怎么办？板演、板书还要不要？当下的情况是，有太多的课堂"拿黑板不当干粮"，有太多的教师不把板书当回事。本节课之所以成功，得益于"白板"与"黑板"的统筹兼顾。

课堂上六个小组,每个小组一个黑板展位,板演展示资源量充足,学习中的问题真实呈现,为点拨升华提供鲜活的资源。郑州市102中学八(2)班的学生操作"白板"对知识进行系统归纳,纲要信号图表动态呈现,实物投影即时展示学生的课堂作业完成情况,课堂因传统与现代技术的整合而变得更加精彩!

附:全国"科技与课改"研讨会暨中国区域课改共同体(2011)年会示范课导学案

课题		6.2 定义与命题	课型	展示课	班级	郑州市102中学八(2)班
执教单位		山东省淄博市临淄区第二中学		姓名	张文超	时间	2011.05.24
课堂流程	环节	具体内容				学法指导
一、学习目标 2′	1. 学啥我知情 2′	1. 知识目标:了解定义、命题的概念,及命题的组成、命题真假的判断。 2. 技能目标:会区分命题的题设和结论,会辨别命题真假,能举反例说明一个命题是假命题。 3. 情感目标:理解定义与命题对于证明的价值,体会推理的科学精神。				请把关键词标出来。
二、自主学习 12′ 独学 8′ 对学群学 4′	2. 温故能知新 2′	同学们: 对于定义和命题,我们并不是第一次接触。我们已经学过很多定义和命题。例如: 一元一次不等式:只含一个未知数,并且未知数的(最高)指数是1的不等式,叫作一元一次不等式。(定义) 平行线:在同一平面内不相交的两条直线叫作平行线。(定义) 同位角相等,两直线平行。(命题) 菱形的四条边都相等。(命题) 这节课我们就对定义和命题进行深入的学习。				要善于从学过的知识中找到新知识学习的根据和基础。
	3. 概念我能懂 3′	1. 什么叫作定义?举出例子。 _____ 2. 什么叫作命题?举出例子。 _____ 3. 命题有什么共同结构特征?由什么组成?如何对命题进行分类?要说明一个命题是假命题,你有什么方法吗? _____				请注意数学概念语言的严密和规范,学结构,用结构,明类别,得其法。

（续表）

	4. 辨析 我能行 3′	1. 定义与命题的区别与联系？ ———————————————— 2. 对于一些条件和结论不分明的命题，怎样用最快的办法找出它的条件和结论？ ———————————————— 3. 要说明一个命题是假命题，我们该怎么做？ ————————————————	理解关系，提升能力，从条件和结论入手尝试运用反例。
二、自主学习 12′ 独学 8′ 对学群学 4′	5. 问题我解决 4′	1. 下列语句不是定义的是（　　） A. 两组对边分别平行的四边形叫作平行四边形。 B. 两点之间线段的长度，叫作这两点之间的距离。 C. 一元一次方程只含有一个未知数。 D. 相似多边形对应边的比叫作相似比。 2. 下列语句是命题的是（　　） A. 过点 A 作直线 MN 的垂线。 B. 正数都大于负数吗？ C. $x>0$。 D. 太阳从西边出来。 3. 下列命题中，假命题是（　　） A. 两点确定一条直线。 B. 如果 $a^2=b^2$，那么 $a=b$。 C. 钝角的补角是锐角。 D. 直线外的一点与直线上各点的连线中，垂线段最短。 4. 找出下列命题的条件和结论，并改写成"如果……那么……"的形式。 （1）若 $a>b$，$b>c$，则 $a\neq c$。 （2）对顶角相等。 （3）三条边对应相等的两个三角形全等。	运用新知识解决新问题，提升新能力。
三、展示交流 20′	6. 展示我精彩 板演 5′ 讲解 15′	先讨论交流，解疑释难，然后板演展示并讲解。看哪个小组写得又快又好，讲解得清晰明白。 1、2 组代表板演并讲解"概念我能懂"； 3、4 组代表板演并讲解"辨析我能行"； 5、6 组代表板演并讲解"问题我解决"。	烂熟于心，才能享受脱稿展示的潇洒。

(续表)

四、点拨升华 6′	7. 点拨我提升 6′	请同学们回顾本节课的知识，尝试画一下知识结构图吧！ 结构特征 组成 分类	零星知识结构化，知识才能学到家。
五、课堂作业 7′	8. 作业当堂清 7′	1. 下列命题是真命题的是（　　） A. 任何数的平方都是正数。 B. 相等的角是对顶角。 C. 内错角相等。 D. 若 $a=b$，则 $a^2=b^2$。 2. 将下面的语句改成"如果……那么……"的形式：面积相等的三角形是全等三角形。 3. 命题"点（3，－3）不在第三象限"的题设是_____，结论是_____。 4. 指出下列命题是真命题，还是假命题，如果是假命题，举出一个反例。 (1) 两个锐角之和一定是钝角。 (2) 两边和其中一边的对角对应相等，这两个三角形全等。	独立用5分钟完成，用2分钟小组反馈。
	9. 挑战我接招（附加题）	如何证实一个命题是真命题呢？ 任何公理、定理是命题吗？是真命题吗？为什么？	你能独占鳌头，真能耐！

高效课堂的 15 个细节

有句话叫作细节决定成败，同样适用于高效课堂。仅就高效课堂流程而言，有 5 个环节，每个环节有 3 个细节，共计 15 个细节应该引起高度的关注。

一、关于目标

先撇开大理论不讲，咱平心而论，一节课究竟要学什么是我们必须首先要厘清的第一个环节，这个环节用课堂的术语表述出来，叫作"学习目标"。应该说，没有目标的课堂是不存在的，但是令人遗憾的是，目标设计有问题的课又具有相当的普遍性。尽管《基础教育课程改革纲要（试行）》明确突出三维目标的规定，但是竟有那么多的教师仍旧我行我素，习惯了大而化之，堂而皇之。有几次听完课之后，跟任课教师攀谈："请问，这节课的知识目标、能力目标、情感目标各是什么？"多数教师会陡然一怔，不知所云。教师更在乎的是教完这节内容。所以说，课堂最大的失误是目标设计的失误。目标设计的粗疏是课堂效率最大的黑洞。

在我看来，目标设计有三个细节尤其重要。一要恰当，二要具体，三要可测。

细节 1：恰当。所谓恰当，就是要保证学习内容最适合本节课学习。这就需要兼顾时、人、地三方面的因素。在一些课堂教学研讨会上，我们经常发现这样的事情：为了满足执教教师的喜好，或者打着追求真实的幌子，往往会安排学生学习跨年级的教材。过去，文科有这样的嗜好，现在理科居然也有人效仿。当学习内容失当，课堂学习脱离了学生的认知基础，学习就会成为强人所难的"被学习"，其效率可想而知。

细节2：具体。说到具体，问题就更突出了。正如前文所言，一具体就恍惚。从三维目标的规定来看，假如我们把"过程与方法"融入课堂流程之中，那么，"知识目标""能力目标""情感目标（包括态度与价值观）"，就成为我们应然的选择。需要特别指出的是，分解是为了定位的具体化，绝不意味着对整体的肢解。目标要具体的确是一个很大的问题。一具体就得研究。没有研究的深入，就不会有目标的具体。如，语文的知识要素是什么，答曰字词句篇、修辞知识、文学常识等等；语文能力指什么，答曰听、说、读、写。又如，数学的知识要素是什么，答曰概念、原理、法则，以及数学语言、数学符号等等；数学能力指什么，答曰抽象思维能力、逻辑推理与判断能力、空间想象能力、数学建模能力、数学运算能力、数据处理与数值计算能力、数学语言与符号表达能力等等。我们一定要弄明白，一节课究竟要让学生学会哪些知识、哪些能力，培养学生的哪些情感、态度与价值观。具体不是面面俱到，而是要具体到重难点。具体是学习的着力点，具体是学习带有助力功能的方向盘。从这个意义上来看，构建分学科分学段的三维目标体系，已经成为摆在我们面前的一个重要课题。

细节3：可测。一节课既然有了明确的目标，那么，目标的达成度一定要便于测量。我们不能否认，有些目标并不是一节课能够具体测出来的，但是我们反对因为某些目标的难以测量，而放弃目标可测的追求。目标一旦没有测量作保障，就会成为形同虚设的幌子。目标不可测，高效无着落。

二、关于预习

如果说高效课堂需要有突破口的话，那么预习毫无疑问地能够当此重任。应该说，高效课堂最大的贡献之一就是将备受大家轻视的、逐步被边缘化的预习，强化为课堂的一个正式的、举足轻重的环节。恰恰是这个环节的固化，让课堂成就了"自主、合作、探究"学习方式的变革。如何让预习更有效，有三个细节请大家关注。

细节4：温故。温故知新是一条学习规律，高效课堂理应承继。但是，在调研中我们发现，有些老师为了节省时间而直奔主题，竟然进行"零起点"预习。我们要明白，"革故"其实就是在挖"新"的墙角。任何学习都不会在"零起点"上发生。一切"零起点"的预习操作，都是对学生既有认知基础的漠视和虐杀。因此，作为一个重要原则，我们必须重视在预习新课的过程中，首先靠"温故"唤醒学生的认知需要。

细节5：分层。预习尤其需要由浅入深的推进。切忌预习内容的并列推演。必须警惕愈演愈烈的"试题化"预习倾向，要逐步从"试题化"过渡为"问题化"。并且，问题设计要有大问题意识，切忌细碎繁琐。在具体设计和操作中，还要对独学、对学、群学给以规范。要强化独学，培养对学、群学合作学习的习惯。自主学习能力是高效课堂的核心要素。独学是基础。没有独立学习的合作一定是低效的合作。从时间比值上来分，独学一般应该占6，对学、群学一般占4。忽视独学的倾向，应该得到纠正。

细节6：方法。大家一定要有一个基本的概念——教和学是融为一体的，不能分。目前，在高效课堂的实践操作中，普遍不很到位的就是学习方法指导不到位。没有教的指导的预习一定是低效的。在学生预习的时候，尽管教可以"隐身"，但是却必须"在线"。眼下的情况是，不少老师喜欢以目标代指导，以流程代指导，以要求代指导，就是没有具体的方法作指导。"怎么学"，"怎么指导学生学"，是当下具有填补空白意义的挑战。我想起了数学证明题的辅助线。当学生自主学习过程中遭遇沟沟坎坎的时候，我们得为学生搭建"桥梁"；当学生在自主建构过程中碰到困难时，我们得为学生搭建"脚手架"。在学法指导上，安徽泗县灵童学校导学案专设"灵童点金"板块的做法，值得大家学习。

三、关于展示

如果说预习是高效课堂的切入点和突破口的话，那么展示这个环节，简直就是高效课堂最具革命性的课堂独创。"知识超市"的陈列，"生命狂欢"的体验，都是随着这一环节的展开而实现的。大家一再推崇高效课堂的精彩，这在很大程度上要归功于课堂展示的精彩。那么，如何让展示更有效、更精彩？有三个细节特别重要。

细节7：先组。先组，就是要在学生充分预习的基础上，先在组内进行展示，也可以叫作"小展示"。这个环节的价值有三：一是确保全体学生的共同参与，素质教育的"面向全体"在这个环节中得以落地生根。二是通过小组展示，既可以比较全面地了解学生的预习结果，其本身又可以成为班级展示的预演和彩排。三是促成了小组学习的深度合作，大大提升学生的学习自信和展示自信。不少老师认为"小展示"浪费时间，可有可无。其实不然，我们不妨问一句："老师，如果你没有备课，走进课堂你会潇洒吗？"先让学生在小组内学会非常重要。因为学会，所以自信；因为自信，所以愿展；因为愿展，所以成功；因为成功，所以狂欢；因为狂欢，所以高效。

细节8：后班。后班，就是在小组展示的基础上，进行班级展示，也可以叫作"大展示"。班级展示要树立三个意识：一是媒体资源意识。不管是传统媒体黑板，还是现代媒体白板，都要把它当作学生展示的舞台，要珍视课堂展示资源的价值，树立"浪费媒体资源就是教学事故"的理念。白板、多媒体投影、实物投影仪，都要真正成为学生课堂学习的工具，而不要让教师独用。郑州102中学的做法，值得大家学习。哪怕你的课堂还没有添加黑板，仅有的一块黑板也要使用充分。保证每一个组每节课都至少有一个学生爬黑板展示，并将其作为一条课堂常规来执行。课堂不能容忍"君子动口不动手"的懈怠和浮躁。别拿黑板不当干粮。课堂教学过程中，有一条隐形智慧：谁有能耐把学生的"学""拿出来"，他就会成为王者。所以，我一直主张开展"资源利用指数"评价。诸如，黑板资源利用指数＝（实际展示人数/可容纳展示人数）×100％。二是参与率最大化意识。要争取像杜郎口那样，人人参与展示。黑板不够用，就把地板作黑板，甚至楼梯作黑板，室内黑板不够用，就在教室外面的走廊里外置黑板。所有学习杜郎口的学校，如果说有折扣的话，那么，最大的折扣就是杜郎口人人展示和有些学习学校只能做到代表展示的折扣。课堂太需要学情通览、一目了然了。啥叫高效？啥叫低效？或许就是"一目了然"和"几十目了然"的分野吧。三是随机展示意识。在不能保证全员展示的情况下，究竟确定谁参加班级展示，这是一个具体的问题。关于这个问题，其实，用数学的随机抽样最为科学。我一直主张采用"坐标点对称随机抽样法"（按照小组围坐坐标，随机抽取与之对称的各组对应学生）确定展示人员。我对"同层次展示"并不认同，更主张"差异展示"，因为唯其"差异"，才更能反映学情的全貌，而且"差异"本身就具有资源价值。不要担心某节课的评价不均衡，数学方法总是指向持续均衡的。当然，也不反对教师指定典型问题学生参与展示。

细节9：多样。多样，主要指展示形式的多样。许多实验校的展示形式，基本都停留在板演和讲解上，"生命狂欢"遭遇形式单调的瓶颈。要像杜郎口那样，开发课本剧、三句半、快板、快书、对联、诗歌、歌唱、舞蹈、绘画等喜闻乐见的展示形式。我们深刻地感受到，每一种展示形式的创新，不仅仅是又打通了一条快乐通道，更重要的是，学生的智慧得以爆发，能力和自信得以升华。我想起了一句广告词："快乐就是零负担。"

四、关于点拨

面对课堂上大面积的学生展示资源，作为教师不能仅仅停留在对展示资源的是非评价上，要思考生成。这是高效课堂对教师教学智慧提出的新的挑战。我们并不一味地反对教师讲，我们提倡教师面对问题有针对性地讲。该讲的不仅要讲，而且要讲得头头是道，明明白白，真真切切。当然，点拨并不仅仅是教师的专利，学生的积极参与更为提倡。如何点拨更加有效，也有三个细节需要关注。

细节10：互动。恰如上面所言，高效课堂的点拨，不能是教师"一言堂"的"独角戏"，要为生生互动、组间互动、师生互动提供路径与桥梁。要凭借"头脑风暴"般的"群见解"，触动学生主动建构的激情和灵感。让互动成为一种提醒，让智慧在挑战中生成。

细节11：生成。课堂高效看生成。就生成而言可分为横向、纵向、系统三种形态。横向偏重于拓展，指向多元；纵向侧重于深化，指向深刻；系统着眼于全局，指向结构。客观地说，当下课堂的生成并不尽如人意。譬如，语文课多喜欢让学生做题，普遍忽视朗读的生成。其实，语文最基本的生成就是朗读，要引领学生生成情感，生成语感，生成理解，生成多元，生成个性，生成创造，生成深刻。而且，一定要把朗读列入重点展示项目。要善于把情感、理解、个性特色，通过语音变化——轻重缓急、抑扬顿挫表达出来。再如理科，面对学生展示资源的"对"和"会"，绝不能对了就对了，会了就算了，依然需要生成。要生成结构，生成规律，生成方法。俗话说："井淘三遍出甜水。"亲爱的老师，请在资源面前多加几层追问，跟学生一起接受课堂智慧的挑战吧。

细节12：示范。高效课堂应该鼓励教师的课堂示范。示范是一种素养，示范是一种责任，示范是一种人格。放弃示范就是放弃修炼，就是放弃责任，就是放弃影响。与传统课堂的示范不同的是，高效课堂的示范不是"万绿丛中一点红"的孤芳自赏，而是学习伙伴的引领与期望。教师示范的精彩，是为了引爆学生的更精彩！

五、关于作业

作业，或者叫达标训练，是高效课堂不可或缺的重要环节。我一直顽固地认为，如果作业不能在课堂上完成，就谈不上什么高效课堂。但是，在实际课堂操作中，这个环节往往会成为有时间就上，没有时间就放的无奈。在这个地方要提课堂流程时间控制的问题。缺少时间控制的课堂，就会像老牛赶山一样，走到哪里算哪里。另外，需要特别提及的是，教育的急功近利正在促使全国中小学纷纷"向缩短课时要效率、要质量"。中学课时从 45 分钟减少到 40 分钟，小学课时从 40 分钟减少到 35 分钟，甚至 30 分钟的，不乏其例。这种做法带来的最大冲击，就是课堂作业时间保障被削减掉了。学生的课外负担不重也难。需要重申的是，高效课堂的实践，最起码也要守住中学 45、小学 40 的课时红线。下面，具体对作业环节的三个细节加以说明。

细节 13：精选。作业一定要精心选取和编写。当下，教辅读物满天飞，尽管国家明令控制，但是学生手头两三种者比比皆是。作业设计有两种倾向应该警惕。一是脱离课本习惯到"碗外边找饭吃"。我们必须明白，所谓"用教材教"，绝不是提倡不顾教材的体系和系统，任意对教材，尤其是作业的滥删。二是量大，课堂上学生往往难以完成。精选需要比较，需要研究，需要有教师做一遍的体验。请铭记孙维刚老师的教导吧："我给学生出一道题，自己要先做 10 道题，从中选出最精彩、最典型、最能启发学生思维的。"

细节 14：分层。作业的层次性有两个方面的要求：一是要循序渐进，由浅入深。只要有比较就要分先后，成序列。二是要兼顾不同层次学生的认知基础，设计适应差异训练的弹性作业结构。都能学会的课未必是好课，都会做的题未必有效。所有以丧失差异为代价的趋同性操作，都是非人道的。

细节 15：限时。根据作业量的大小，设定一定的时间限定学生在课堂上完成作业，并且做到当堂反馈。课堂的高效，并不一定指向所有学生都学会，而是应该通过作业反馈，及时了解哪些学生会了，哪些学生没有学会，到底是哪里不会。这就是真正意义上的"堂堂清"。及时知道谁学会了，是对学会者的最好奖赏；及时知道谁不会，是对不会的最好鞭策和提醒。

避免叫停，精于引领

大凡老师在课堂上一再叫停，除去理念的背景之外，还有不少情况都属于课堂设计粗疏。问题大致有如下几点：

问题不具体。有一次我去听小学数学课，课题是《三角形三边的关系》。老师先是让学生交流预习成果，之后又让学生摆小棒。我心里想，预习已经安排了摆小棒，并且形成了统计表，从这里追问"通过摆小棒游戏，你发现了什么"自然引出三角形三边关系的学习不就行了吗？无奈，老师依然痴迷于让学生体验。眼看着35分钟过去了。我问身边的学生："这节课大家要学什么呀？""摆小棒。"我又问一个学生，答案还是"摆小棒"。问到第三个学生，他终于说了一句沾边的话，"三角形"。于是，我只好建议老师"叫停"。新课程倡导学生体验，利用体验内化知识，让知识温暖生命，这自然无可厚非。然而，课堂上经常上演虚假体验，为体验而体验的游戏。这应该引起我们大家的警惕。课堂上要不断追问：学习目标具体吗？问题设计具体吗？问题不具体，课堂效率必然低。

准备不具体。我历来主张要让学生"能说会道"，这里的"能"和"会"是"说"和"道"的前提和条件。"能"和"会"需要准备。高效课堂的准备即"预习"。"说"和"道"即"展示"。预习得精彩，才会有展示的精彩。当学生还不"能"、不"会"的时候，让学生"说"和

"道"都是不人道的。现在的情况是,课堂上的预习时间远远不足。学生没有充分的时间研究问题,"夹生饭"难免会"卡壳","东一榔头西一棒子"也就在所难免。

时间不具体。计时操作是高效课堂的一个重要策略。哪一个问题用多少时间完成,应该做到心中有数。时间一到,自然过渡到下一个问题。这叫流程,而不是"叫停"。

"引领"即诱导。引领什么?怎样引领?

引领激情。一次,我执教初中语文《三颗枸杞豆》,指名一个学生朗读"三叔捉太阳"的段落:"他忽然俯下身,用手捏住我的脸蛋。我疼得差点儿叫起来,他一点儿没有觉察到我的痛楚,口里喃喃地说:'这也是太阳?这也是太阳!'"学生读得语感淡漠,毫无感动。我并没有简单"叫停",而是让同学们进入角色想:一个不久将离开人世的"三叔",他此时面对西沉的太阳是怎样的心情?能不能通过我们的读把它读出来?我又安排这个同学再读这段课文。那种忧伤而又执着,遗憾而又渴望的感情淋漓尽致地表达出来了。

引领合作。记得一小学数学课,课题是《年月日》。在预习环节,老师把"一年有几个月""几个月是31天""几个月是30天"等一组问题放给学生,规定时间为7分钟。做完后小组一起举手。5分钟过后,几个学生开始举手。老师在黑板上板书"小组"两字,抢先举手的同学心领神会地帮助同学去了。在课堂上,艺术的引领往往不靠指令,而靠机制。

引领思维。首要的是培养学生主动思维、积极思维的态度,重点是历练刻苦钻研的精神,途径是通过追问式挑战生成创新成果。引领思维,贵在启发诱导,切忌用教师的思维结论替代学生的思维。尤其要注意引领并培养学生思维的独立性、灵活性、敏捷性、批判性。

高效课堂的两种境界

高效课堂追求达到这样两种境界：第一种境界是到你的课堂上找不出一个不学习的学生；第二种境界就是整个一节课学完了，不管是多少人，谁会了，谁不会，谁什么地方不会，老师能够一口清，这才是真正的"堂堂清"。还有一个观点请大家思考：让所有的学生都学会是不人道的。允许学生学不会，但是他必须把不会公示出来，老师知道他今天没有学会，所有的同学也知道他不会。谁会了，班级的所有同学都知道；谁不会，所有的同学知道，老师也知道。我们追求的是，让知道成为一种机制。我知道你会了，你的会便会成为会的平方；我知道你不会，你的不会会成为一种压力，激励你好好地投入学习。

课堂展示问题多

一是课堂展示参与度低，版面浪费现象尤为严重。建议大家到教室去巡课，先看黑板版面的运用。只要是黑板闲置太多，用不了，课改一定不到位，效率也不会高。黑板的价值我们还没有看透。许多学校的展示，多半形成了一条不成文的规定，就是一组，一人，一小题。容量太小，内容太单，不便培养学生的系统思维。我们可以"一放就是三，坚决不出单"。效率来源于集约。

二是对展示的理解有些偏颇。其实，展示就是学生把自己的学习成果拿出来。从板演的一刹那就开始了，并不是讲解才是展示。学生缺乏板演的效率。建议开展一分钟板书比赛，看谁写得又好又快，看谁一分钟表达得最精练最恰当不浪费时间。这都是需要训练的。还可以有这样一个建议：学生的口头表达原则上每人一分钟。作为一个常规，最多不超过三分钟，激励学生在短时间内能够有一个清晰简洁的表达。

三是展示细节注意不够。比如说板演的字究竟多大才合适，这都是需要去研究的，因为笔画轨迹长短与占用的时间密切相关。这个方面的的确确要训练，要对学生有一个板演的训练评比。

四是展示的手段比较单调。除了讲解之外，还应该有课本剧、表演等其他形式。充分利用不同的形式，让学生实现生命的狂欢。

五是展示流程顺序控制不当。集中表现在学生刚刚在前面展示了一个问题，马上回到后面去，再展示一个问题又回到前面，这样来回三趟，三分钟就没有了。大家都要有一个意识，课堂要算经济账，分分秒秒需珍惜。

六是展示缺乏生成。教师不能仅仅对展示资源进行是非评价，要着眼于生成。譬如，学生做对了之后该咋办？课堂不能停留在"对"上，教师必须善于抓住这个"对"，生成出"对"的规律和方法。让"对"的学生享受到足够的尊严。课堂的精彩，一定来源于学生生成的精彩，这里面也不乏老师点拨的精彩。文科的生成，譬如语文课的生成，首要的是阅读的生成，而这一点恰恰是被普遍忽视的一个问题。课文阅读，首要的是生成语感，二是生成理解，三是生成多元，四是生成个性。我的读和你的读是不一样的，这才是一种个性的差异，才是一种课堂的多元和精彩。理科的生成，要生成规律，生成方法，生成创造，生成深刻，生成简练。

七是"念答"成课堂顽疾。所谓"念答"，就是课堂上让学生展示的时候，照本宣科地"念"。在有些课堂上，经常发现学生回答问题的时候，看着书念还念不通顺，老师居然说："你回答得很好。"真就奇了怪了，咋念还念不通，还"回答得很好呢"？从心理学的角度看，学习是一个从"外"到"内"，再从"内"到"外"的过程。其实，学习就是内化与外化的整合。没有内化的彻底，不会有外化的潇洒！念答，不过是从"外"到"外"的一种应付而已。没有内化的彻底，如何会有外化的潇洒？再请大家看"答"这个字，上面一个"竹字头"，下面一个"合"，过去的书都是竹简，"合"上书才叫"答"。

第八章
小组合作"金点子"

　　高效课堂最大的特点,就是课堂上所有的活动都是以小组合作为背景。自主学习(包括独学、对学、群学)靠小组;展示交流靠小组;点拨升华靠小组;达标反馈靠小组。小组合作贯彻课堂始终。小组合作是个宝,如果不用不知道。小组合作有魔力,用好方能显神奇。小组价值有几许,操作路径在哪里,实用方法供参考,读罢本章你便知。

"合作"
——通向"天堂"的"绿卡"

有一个耐人寻味的故事,叫作"天堂和地狱"。

据说,有一个天真的小孩子不知天堂和地狱为何物,便去请教一位哲学家。哲学家把孩子领到一个很大很深的池子旁。小孩子看到,池子旁坐着一群瘦骨嶙峋的老人,老人们用很长很长的勺子在池中舀肉汤喝,从汤中吸取营养以维持生命。哲学家告诉孩子:这便是地狱。紧接着,孩子又跟随哲学家来到另一个地方。同样的池子,同样的肉汤,同样的勺子,所不同的是,这里的老人们个个红光满面、神采飞扬。哲学家说,这就是天堂。同样的池子,同样的肉汤,同样是人,但天堂与地狱有天壤之别,差异何在呢?

原来,地狱里的人老死不相往来,自己舀汤自己喝,费时费力,营养不足,精神疲惫;天堂则相反,你舀汤给我喝,我舀汤给你喝,省时又省力,营养充分,身体健康。更重要的是,天堂那种"人人为我,我为人人"的人际关系使人精神愉悦。

故事分明告诉我们:地狱充满自私,天堂充满友爱。恶性的嫉妒源于极端化的自私,而极端化的自私只能通往"地狱"之门,要想摆脱恶性的嫉妒,走出地狱,就要拥有"合作"这张通往"天堂"的"绿卡"。

应当看到,当今社会是一个竞争的社会,但更是一个合作的社会。单打独斗已经难于在社会上立足,团结协作是 21 世纪对每一个人的要求。美国学者朱克曼曾做过一项研究。他发现自1901年诺贝尔奖颁发以来的75年中，286位获奖者中2/3的科学家是与人合作而获奖的。他又以25年为一段进行了比较研究，发现与人合作而获奖者，第一个25年为41%，第二个25年上升为65%，第三个25年竟达到79%。这就有力地说明，科技愈发展，一个人要取得事业上的成功就越需要具备与人合作共处的良好品质。没有互相关心、支持与合作就很难取得事业上的成功。有专家指出：21世纪的成功者将是全面发展的人，富有开拓精神的人，善于与他人合作的人。合作是一种智慧。从合作本体意义上来看，合作是人的智能之一。1996年出版的哈佛大学教授豪尔·加德纳的《MT——开启多元智能新世纪》，就提出了人的智力可以分为8种，其中一种就是"人际智力"。所谓人际智力，就是了解他人，与别人相处的能力。其特点表现为：能交际和与人相处，能觉察别人的意图，容易有朋友，遇到问题时能够找别人帮忙，会教别人做事，喜欢群体活动。毫无疑问，人的这种智力，在现代社会越来越受到重视。另外，合作还兼具智慧整合的功能。"交换一个苹果，各得一个苹果；交换一种思想，各得两个思想。"智慧与智慧的碰撞能够照亮通往"天堂"的路。

请开行课堂"动车组"

中国属于第三世界,论科技与欧美几乎不能比拟,但我们也有自豪的东西,其中,动车组技术世界领先。甚至,就连不可一世的美国总统也曾嫉妒地在国情咨文中放话:"没有任何理由只有欧洲、中国拥有全球速度最快的高速铁路。"动车组技术的成功,不失为超常规、跨越式发展的典范。仔细分析这些年中国教育的重新洗牌,如果按照常规出牌,杜郎口中学、天卉中学、兖州一中、昌乐二中等一批课改名校,恐怕"只争朝夕"也无法超越某些发达城市的"老名校"。这些学校的成功,经验是多方面的,但是,他们共同的一点是研发了课堂"动车组"技术。

所谓课堂"动车组",即小组合作学习。遗憾的是,时至今日,依然有相当比例的教师对小组合作学习缺乏价值认同。对新课改倡导的小组合作学习,我们应该给予足够的价值定位,甚至可以把它上升到国家战略的高度来认识。现在的独生子女学生越来越多,独生子女学生身后又是独生子女父母,到学校里又要面对独生子女教师。先天"伙伴"的缺失,会带来人格的缺陷。国家是想通过课堂的小环境培养学生合作的意识、合作的精神、合作的能力,继而形成合作的人格。课堂上指望一个老师带四五十个学生,再苦再累也不会带出高效来,而一旦把小组变成一个个"动车组",效率就会大大提高。再者,素质教育有个要义"面向全体",如果没有小组合作,"面向全体"只能是一句空话。"动车组"以前,火车先后有过六次提速,但是,如果仅仅依靠车头,哪怕是前后两个车头,当时速达到200公里就再也提不动了。"动车组"的原理是把每节车厢都变成一个"自动力系统",既有车头在前面带,又有车厢在后面一起使劲,力量组合到一起,组成一个动力系统,形成一个合力,齐心协力朝着一个目标前进,其时速最高可达400公里。

朋友,你不妨也在课堂上开行一列"动车组",相信它会把学生带进一个理想的境界。

新说合作"十二点"

本文想从系统、深入、简约的视角，就小组合作学习的四个方面各提炼三个侧重点，共十二个点加以分析、归纳，但愿能给大家一些新的启发。

一曰价值认同

关于小组合作，不少人多停留在学习方式转型的价值定位。尽管这种认识已经难能可贵，但是，依然有待升华。以下三个升华点供大家思考。

1. 合作学习是国家课改战略。计划生育政策的实施，带来家庭结构的突变。独生子女家长、独生子女教师、独生子女学生越来越多。先天的伙伴缺失，容易造成人格缺陷。课改之所以倡导合作学习，就是希望通过课堂的合作学习，培养合作意识、合作能力，继而培养学生的合作人格。

2. 合作学习是"面向全体"的有效实现形式。素质教育要义之一就是"面向全体"。实践证明，在课堂上仅仅指望"教"的统筹兼顾，"面向全体"时常会被架空。小组合作学习的具体落实，"兵教兵"学习机制的创生，才是"面向全体"的有效保障。

3. 合作学习是新学生的一种重要思维品质。作为新课堂中的新学生，必须养成以群体为智力资源，以互动和分享为交往形式，以共享和双赢为目的的团队合作思维品质。我们不妨把这种思维品质称作新课堂的新思维。

二曰形式突破

以杜郎口为代表的课改学校,就哲学价值而言,他们为全国课改提供了从教学形式寻求突破的典型案例。人们好像习惯了走内容改革一条路,一直对形式不怎么感冒,甚至,一提形式就蔑称为"形式主义"。这样就有意无意地忽略了形式的价值。一个哲人曾经说过:"形式是已经完成了的内容。"我们不能不说,恰恰是杜郎口这种"面对面"小组合作学习形式的突破,带来了独具原创意义的课堂模式变革。不少步履蹒跚的课改学校,恰恰是因为固守"秧田式"座次,让课改变得举步维艰。甚至,我们可以这样说,有时候,形式的变革比内容的变革更需要智慧和勇气。有一个案例让我记忆犹新。某学校学习杜郎口的课改,把"秧田式"的课桌排列,换成了"面对面"的小组围坐。一天,一个领导到学校视察,质问道:"谁让你们这样干的?这还像课堂吗?胡闹!统统给我改回去!"于是,学校无奈,从此课改就此作罢。接受"面对面",认同"面对面",支持"面对面",成就"面对面",真的需要包容的智慧。别瞧不上"面对面",这里面还有诸多学问呢。

4. "面对面"里有关爱。"面对面"这种学习形式最深刻的意义在于"看见"。"看见"就觉得安全,"看见"就觉得温暖,"看见"是一份激励,"看见"就有了伙伴,"看见"就有了团队,"看见"就会自觉争先。

5. 小组是个对话"场"。新课堂呼唤新的交流方式,用一个关键词来说明,就叫"对话"。"面对面"的小组合作学习形式,创建了一个新的课堂对话"场"。这个"场",由于团队价值目标的凝聚,使得"对话"更具活力和效率。

6. 自主定向、变向、朝向、走向。新课堂形式的突破不仅是座序形式的变革,同时也对传统课堂的单一向前的"朝向",以及固定的座次进行了深刻的变革。随着课堂"聚焦"点的变化,学生可以自主由小组合作的"定向"进行"变向",调整"朝向",倡导"走向"。关注"朝向"是新课堂人性化的自然追求。该"变向"时不"变向",可以定义为教学事故。坚决反对需要聚焦的时候"背向"和"侧向"。

三曰合作流程

合作学习的具体操作很容易走向两个极端:没有合作;低效合作,甚或无效合作。究其原因,都是因为不讲流程。再好的理念如果缺少科学的流程,理念往往会被架空。合作学习是个复合概念。具体说来,它包括独学、对学、群学(简称三学)三个层面。

7. 独学是合作学习的基础。独立学习能力永远是学生自主学习能力的核心要素。没有独学的合作一定是低效的合作。合作是学习的一种需要,不是必须要安排的一个教学环节。新课堂必须建立一种机制让独学得到进一步的强化和规范。其中有两个环节尤其重要,一是确保独学的时间,一是确保独学的反馈。一般而言,独学的时间不应少于"三学"的十分之六,并且,独学结果要安排一次小组反馈。忽视独学的合作将会助长思维惰性的泛滥,并且会使有些学生养成"优生依赖"的习惯。

8. 对学是合作学习的重要方式。我有个习惯,每到一个学校课堂调研,总要问学生这样一个问题:"你有问题先问谁?"非常遗憾的是,多数回答"问组长"。这就明确表明在一些学校课堂上"对学"的缺失。树立"对子"意识,建立"对学"机制,是新课堂落实"兵教兵"的基本形式,也是最快捷高效的一种合作学习形式。

9. 群学是合作学习的整合和拓展。"群"是个相对概念,相对于班级来说,一个小组就是一个"群",相对于小组来说,小组内又可以组建更小的"群"。从一般意义上来讲,三个人就可以成为一个"群"。正所谓:"三人行必有我师焉。"关于这一点,许多学校都做过可贵的尝试,譬如"84模式""63模式"。更加难能可贵的是,有些学校创造了级部跨班点将展示的模式,让"群学"资源得以更大范围地拓展。

四曰小组评价

评价是影响小组合作的关键环节。新课堂有个行话叫作:"要什么,评什么。"所以,我们说,小组合作成也评价,败也评价。由于传统课堂习惯于"见人不见组",所以,在刚进入课改的课堂上,小组评价常会被个人评价替代,尤其是在评价方法上缺乏规范。以下几种评价方法供大家选用。

10. 即时评价。以课堂资源的呈现为契机,及时给予评价反馈。这种评价的优点是情景感、即时性较强,有利于随时激励学生的学习积极性;缺点是零碎,占用时间较多,有时候甚至会打断课堂的思路。刚进入课改的学校不妨利用这种评价方法。

11. 延迟评价。新课堂追求评价的集约化操作。主张学一程,展一程,点一程,练一程,评一程。小组评价不必急在一时,等一等,集中、系统地评一评或许更有效。

12. 模糊评价。现在流行的是量化评价,量化评价的特点是具体,区分度强,不过,有时候纠结于具体得分依然会流于主观评断。过于具体反而不便操作,有些时候,模糊一点反倒会收到更好的效果。不妨综合课堂表现定个等级,确认优秀,让学有方向,赶有目标。

小组合作学习实操规范

小组合作学习的具体操作，有以下五个方面的规范供大家参考：

一、小组组建

小组的组织建设有六个参数请予以关注。

先看三个基本参数：1. 性别。2. 成绩。这两个参数大家都比较熟悉，遵循组间同质、组内异质的原则合理搭配即可。3. 身高。身高往往容易被大家忽视，需要特别说一说。小组不仅仅是一个单一的课堂学习组织，有时会有一些身体对抗活动。小组多元力量的均衡，是需要统筹考虑的一个原则。

再看三个创新参数：1. 性格。心理学家对人的性格有不同的分类。具有一定心理学基础的老师，可以结合不同学段学生的具体情况编制适合学生特点的性格量表。课堂一旦深入到性格层次的关照，将是一个重要的突破。以下两个性格测量工具请参考。性格类型量表：http://www.doc88.com/p－77948665483.html；性格分析量表：http://blog.renren.com/share/223157701/597515247。2. 血型。人的血型与性格有着某种必然的相关性，这已经被证实是科学的结论。兼顾学生不同血型的搭配，会让小组更具活力。3. 星座。星座是学生感兴趣的一种趣味符号。追星是学生的一大时代倾向。大凡明星的星座，追星族几乎无人不知，无人不晓。小组成员按不同星座搭配，会让小组团队更具趣味性。

二、小组文化

高效课堂非常注重课堂文化、小组文化的建设，并且始终把文化当作课改生态来对待。

小组文化建设有以下七个要素：1. 组名。名字是团队梦想的隐喻。为一个小组取一个经典而又时尚的组名，会让小组成员都为之骄傲。诸如"亮剑""奋斗""马到成功"等等。小组名称一定要有积极向上的取向，可以时尚，但不要一味地猎奇、赶时髦。诸如"蝙蝠侠""007""无所谓""乌鸦帮""狗仔队""白菜帮子"等等。2. 组号。组号就是小组口号。文雅一点说就是小组形象语。如："亮剑亮剑，一往无前！"3. 组训。组训，即小组的核心价值观。如："学出智慧，善于亮剑。"4. 组徽。组徽是能够艺术地体现小组价值追求的视觉标识符号。5. 组旗。组旗是小组活动标识性旗帜。组徽，多适合静态呈现。组旗，多适合动态出示。6. 组歌。组歌的编创有三种形式可供参考：一是鼓励学生词曲原创；二是让学生自主创作组歌歌词，然后，选择一首学生喜欢的曲谱旋律套词；三是直接让学生选择一首歌曲指定为组歌。7. 组规。组规，也可以称为"小组共约"，一定要追求原创，反对到网络上复制粘贴。要充分发扬民主，讲生成，讲认同，讲责任，讲落实。班级文化也好，小组文化也罢，构建文化概念系统是第一步；选择醒目得体的形式呈现出来是第二步；内化、认同、落实出来是第三步，也是最重要的。谨记：墙上看文化，桌上看文化，本上看文化，未必有文化；事中看文化，行中看文化，做中看文化，才叫真文化。

三、运行机制

1. 小组长产生机制。一开始可以采用竞选制，之后可逐步过渡到轮值制。组长作为一种教育资源，提倡让所有学生共享。2. 角色分配机制。组员人人有角色，每人都是一大员。诸如召集员、秘书员、板演员、讲解员、质疑员、评价员等等，需要什么员，就设定什么员。各种角色都可以轮值。角色适应是一种重要的素质历练方式。3.学科组长机制。根据小组成员学科成绩的差异，原则上每人出任一个学科的组长，在学科学习中，遇到疑难问题，课代表可以召集各学科组长研讨，解决之后化整为零，再回到各小组分享。

四、合作流程

大家首先得明白，小组合作学习出现的所有问题都是流程的问题。小组合作的主要流程有二：一曰"学程"，即"独学""对学""群学"。从顺序和时间上分配，"独学"在先占一半，"对（学）群（学）"在后占一半。平常突出呈现的问题多是"独学"的仓促和"对学"的缺位。"独学"没有反馈，"对学"没有落实，"群学"就一定是"假合作"。二曰"展程"，即展示的流程。一句话就是，"小展示"—"大展示"。"小展示"不落实，"大展示"效率低。"小展示"不充分，"大展示"不畅顺。

五、小组评价

三句话：一抓学科全覆盖；二抓评价持续来；三抓形式需多样，合作学习花常开。小组评价需要整体氛围。如果有些学科搞，有些学科不搞，小组合作学习不会成为常态。如果一段时间搞，一段时间不搞，小组合作学习不会长久。评价的间断，就是小组的拆解。即时评价、综合评价、量化评价、模糊评价等评价方式都可以根据课改的进程而灵活选择。提倡课堂上进行"点评"——每课集中评价一个点，然后，点点成线。实施多点评价，原则上每课项目不宜超过三个。贪多嚼不烂，繁琐没人干。评价宜简洁，事半功倍添。

小组合作学习的四块"试金石"

小组合作学习作为新课堂学习形式革命和学习机制创新的标志，普遍受到大家的关注。那么，究竟靠什么标准判断小组合作学习是否有效呢？以下四块"试金石"送给大家：一看是不是全员参与，二看有没有帮扶落实，三看是不是"我们"的成果，四看有没有团队激励。

关于全员参与。全员参与的实现形式有两个基本条件：一是强化"独学"反馈；二是确保"对学"的落实。"独学"不充分，"独学"反馈的缺失，"对学"环节的忽视，都是导致参与率低下的重要因素。重建"群学"流程，依次按照"C—B—A"由低到高的发言顺序进行交流，就能多给学困生一些机会。如果听凭优等生号令全军，其他学生就只有"接受"的份了。

关于帮扶落实。大家都习惯于追求"大容量、快节奏、高效率"，但是，很少有人追问它的前提条件是什么。如果没有"大板块、大问题"，就不会有"大容量、快节奏、高效率"。让人无奈的是，"小板块、小问题"依然主宰着课堂。如果课堂容忍"小碎步、齐步走"，学不出差异、快慢，"兵教兵"的帮扶就没有可能了。差异是一种资源，差异是一种机会。新课堂追求"大板块、大问题"，分快慢，重差异，我帮你，有机会，你帮我，有劲儿使。

关于"我们"的成果。小组合作要的是团队的智慧、集体的结晶。如果在交流展示过程中依然还是"我以为",那么这就意味着"个人"依旧替代着"团队"。我们鼓励交流"我们"的成果,"我们"更具有团队的多元和系统,为此,要夯实小组学习成果的整理这个环节。当然,在表达小组学习成果的时候,也不能忽视"我的"见解。

关于团队激励。当小组交流没有"我们"的时候,"个人"的评价就会替代"团队"的评价。我在课堂上习惯于使用团队捆绑的策略,经常会说:"看哪个小组能按时完成学习任务,并一起举手。""一起举手"或许正是小组合作学习的一个密码。亲爱的老师,你也不妨一试,相信你每试必爽。从个体评价转变为团队评价,是小组合作学习的应然要求。

第九章
课改叙事告诉你

　　课改不排斥理论,但是人们更喜欢故事。每每读完一个故事,也许你会会心地一笑,抑或陷入沉思。故事里的事,事事传着情,事事透着理,事事伴智慧,事事都给力。如果你也能够伴随着课改,写出你的故事,课改会因为你的故事而精彩。朋友,你得悠着点,千万别一口气就秒杀啦。

党为啥还不来

个幼儿教师在7月1日这天,要对学生进行热爱共产党的教育。老师还挺有心,为了创设教育情境,她专门制作了一个"生日蛋糕"放在讲台上。"小朋友们,大家知道今天是什么日子吗?"老师说得挺有劲,但是并没有几个学生买她的账,学生的眼都用力地注视着那个蛋糕。老师仍在继续她的说教:"大家要记住,今天是我们党的生日……"听了这话,几个小朋友开始不住地向窗外张望。老师一再要求学生集中精力听讲,但是都无济于事,还是有几个小朋友不住地向窗外看。老师有点沉不住气了,于是指名问道:"你到底在看什么呢?"学生焦急地回答:"党为啥还不来呀?"……

【评点】乍一看于老师好像是在说相声,故事也的确让人好笑,但是我们笑过之后不能不深刻反思这个"包袱"给我们的启发。我们永远不要"以成人之心,度孩子之腹"。案例虽然发生在幼儿园,但是这种现象在中小学亦然。教学内容的选择要符合儿童身心发展的规律。对刚满几岁的孩子进行热爱党的教育,实在有点不合时宜。知识是暂时的,发展的。知识是建构的,学习是一个把新的信息与已有的信息和经验联系起来,从而创造个人意义的过程。当幼儿在对党的认识几乎一无所知的时候,便不可能形成老师期望的意义建构。幼儿的经验是,给谁过生日谁就应该在场，于是他们才急切地呼唤："党为什么还不来？"孩子的回答无可厚非。凡是脱离学生已有经验基础的教学都是低效的。我们的课堂教学要少一点成人意识，多一点儿童需要；少一点成人替代，多一点儿童思考。一言以蔽之，教师要适应儿童，而不是儿童适应教师。

弯弯的月亮像什么

在一次全国创新教育研讨会上,一个老师正在执教小学语文观摩课,课题是《小小的船》。"弯弯的月儿小小的船。小小的船儿两头尖。我在小小的船里坐,只看见闪闪的星星蓝蓝的天。"在结课的时候出现了下面的情节。老师提问:"作者把'弯弯的月儿'比作什么呀?""船。"同学们齐声回答。老师在黑板上板书一个"船"字,接着又问:"什么样的'船'呢?"这下学生大多显得茫然了,老师也显得有些紧张。正僵持的时候,幸好有一个学生起身"救驾":"小船。""你太聪明了!"老师喜出望外地给予鼓励,并在黑板上板书一个"小"字。老师不作解释,只顾继续发问:"再请同学们思考,什么样的'小船'呢?"这下学生全都蒙了。你看看我,我看看你,再无一人举手。执教老师瞧瞧后面上百位听课教师,心想:"这下要出丑了。"脸上的汗也流下来了。这个老师毕竟久经沙场,在关键的时刻终于动用"杀手锏":"实在想不起来,就请看看课文吧。"学生一看课文,立刻恍然大悟,齐声回答:"小小的船。""对,小小的船。"老师急忙又板书一个"小"字。老师精心设计的尾书课题终于全部展现在黑板上。老师如释重负的一声"下课",宣布了课堂的结束。

【评点】这个案例反映了部分教师课堂教学中强烈的"教案意识"。

所谓"教案意识"是指教师在课堂教学中，不顾学生的学习实际，只是按照预设的教案进行教学的倾向。案例中，教师为了在结课时板书课题，以求画龙点睛的功效，不惜一步步引学生进入"圈套"，与其说这是在教学，毋宁说这只是租用学生帮老师表演"教案剧"。教学过程是师生、生生间积极有效互动的动态生成的过程。真实的教学情境应该是具体的，不确定的。教师的智慧在于关注课堂上创生的学习资源，而不在于用教师的结论替代学生的思考。我们不反对教师授课要有教案，但是我们必须明白"计划"应服从于"变化"。当你实施教案非常顺利的时候，那证明你已经误入了"教案剧"的极致状态。提"教案意识"有点远，或许归结为教师思维问题来得更为准确！船——小船——小小船，哪能这么思考问题呢？这里根本就没有"埋地雷"的地儿！别把学生给搞呆了啊！

谁把椅子来撞翻

在一个全国教学改革研讨会上,听过一节浙教版二年级语文课,课题是《大象博士请助手》。课文说的是大象要招聘一位助手,小猴、小兔、小熊、小猫都来应考。在进入考场时,小猴"撞翻了椅子",小兔"看见倒在地上的椅子,就跳了过去",小熊"把椅子踢到一边",只有小猫"把椅子扶起来,放在桌子旁边"。结果大象录取了小猫为助手。老师在教到"大象博士喊道:'小猴请进来!'小猴真高兴,冲进门去,撞翻了椅子"这个情节的时候,老师一边把一把椅子放到讲台上,一边对学生说:"现在我们就请一个同学上来表演一下,看看谁能把讲台上的椅子撞翻。""我!"一个学生迅速跑到讲台上,学生很高兴,一下子就把椅子撞翻了。课堂上响起了哈哈的笑声。

【评点】基础教育课程改革倡导体验性学习。课堂体验需要真实的教学情境。体验以主体经验为基础,是"对经验带有感情色彩的回味、反刍、体味"(童庆炳《现代心理学》)。必须指出,案例中让学生撞翻椅子的表演已经进入了体验学习的误区。学生哈哈大笑,只是觉得好玩。他并没有体验到"撞翻椅子"的愧疚感,他只是被动地完成了老师布置的一项任务而已。离开了真实的情境和主体的经验联系便不再有真实的体验。假如老师这样启发学生:"同学们,在生活中我们有没有像小猴、小兔、小熊这样不文明的行为呢？我们又有谁做过小猫这样讨人喜欢的事呢？"学生通过反思，找到自己的不足或者发现自己的优点，这样就能获得较为深刻的体验。别把体验当成一种时髦的标签，为体验而体验只能是课堂的一种"闹剧"。

小橘灯象征什么

　　一天，我去听初中语文课，课题是《小橘灯》。在将要结课的时候，教师提了这样一个问题："小橘灯象征什么？"学生正在思考的时候，教师在黑板上板书"光明"。于是学生纷纷将答案抄写下来。教师还特别进行了强调："这个题考试出过多次了，请大家一定要记牢。"于是学生开始默记："小橘灯象征光明，小橘灯象征光明……"

　　【评点】"小橘灯象征光明"，这并不是学生的认识，甚至也不是教师的认识。教师的答案是从教参上抄来的。现在我们应该看到，在语文教学过程中，教参的替代几乎到了武断的程度。教参法定的神圣，不知始于何时！教师的智慧被替代掉了，学生的创造被替代掉了。难怪不少有识之士，呼吁取消教参。试想，假如全国的学生考试都做这个题，上百万甚至上千万的学生一律清一色的"光明"，这难道不恰恰是语文教育的黑暗？我不想再去重复"一千个读者，就有一千个哈姆雷特"。我只是想，语文学习总得有教师和学生独立的认识。于是，在一次考试命题中我设计了这样一个考题："有人说小橘灯象征光明，你以为它还可以象征什么？（多答一项附加2分）"果不其然，答案精彩纷呈。有的答"象征爱"。我们知道"爱的哲学"是冰心创作的源泉。小橘灯的确象征了冰心对小姑娘的爱，冰心对小姑娘妈妈的爱，冰心对小姑娘这个家庭的爱，还有小姑娘对冰心的爱。小橘灯真的就是这样情亦融融，爱亦融融。有的答"象征自立精神"。在那样的年代里，一个小姑娘支撑着这样一个苦难的家庭，靠的可不就是自立精神？尤其是在素质教育的今天，自立精神更有它的现实意义。亲爱的老师呀，真理是多元的，别剥夺学生创新的权利！

我们能不能爱美国

还是在《我爱祖国》那节语文课上，当同学们在回答"我爱祖国爱什么"的时候，突然一个学生提了一个让教师发蒙的问题："老师，我们能不能爱美国呢？"这个问题的确使教师猝不及防，教师先是一愣，继而对学生说了下面几句话："我们国家也许现在还比较穷，但是祖国再穷我们也不能不爱祖国。同学们，大家说我们能爱美国吗？""不能！"全体学生斩钉截铁地说。一个"爱国主义"的教育高潮就这样营造出来了。

【评点】多数人对这一"爱国主义"教育高潮的出现呼之精彩，但是笔者却不敢苟同。爱祖国的确天经地义，但是，不爱美国，尤其是利用不爱美国的情绪，反衬对爱祖国的激情，这就值得作深入的思考了。我又联想到了"9·11"事件后某些国人的反应，拍手称快者有之，鸣放鞭炮庆祝者有之。美国遭殃，幸灾乐祸，如此爱国，令世人不齿。民族之病态可见一斑。长期以来，我们形成了强调独存、不求共生的排外情结，总是认为："不是东风压倒西风，就是西风压倒东风。"爱祖国似乎就不能爱别的国家。传统的思维模式根深蒂固，若不变革贻害无穷。我们的教育必须培养学生"地球村"的观念，培养学生的人类之爱。未来的世界是一个逐步融合和共荣的世界，很难设想一个骨子里具有排外情结的人会成为一个"世界人"。请记住培根(英国)的名言吧:"一个人如能在心中充满对人类的博爱,行为遵循崇高的道德律,永远围绕着真理的枢轴而转动,那么他虽在人间也就等于生活在天堂中了。"

万里长城有多长

有一次,我去听小学语文新基础教育实验研究课,教师教的是第二册语文第七课《我爱祖国》。其中有这样一个细节,有一个学生问:"老师,长城有多长啊?"教师并没有沿用"生问师答"的传统模式,而是又把这个问题交给了学生。"小朋友,谁知道长城有多长?"不少学生猜起来了:"20多米吧。""1000米吧。""1万里吧。"尽管同学们回答得挺热烈,但是一个具体的知识靠"猜"这种办法是难奏效的。非常遗憾的是,由于教师在备课的时候没有考虑这个问题,致使这个问题在课堂上一直没能得到确切的回答。

【评点】这堂课就教育理念而言,无疑是新的。学生主体,生生互动,师生互动,动态生成,应该说体现得比较充分,但是"万里长城有多长"竟成了整堂课的遗憾。虽然课堂上多次用到多媒体计算机,但是,老师并没有注意到金山词霸的存在,假如老师在金山词霸词语搜索框中输入"长城",回车即可查到有关长城的知识。长城:中国古代的伟大工程,西起甘肃嘉峪关,东到河北山海关,全长6700公里。公元前3世纪秦统一中国后,联结战国时燕、赵、秦之城并延长,始成长城。长城不但是中国最重要的历史文物,而且已成为中华民族的象征。这个案例暴露的是教师先进的教学理念与文化知识的不足之间的矛盾。类似这样的情况，在平时的听课过程中也不少见。现在有不少学校都在搞新教育理念建设，甚至有些人顽固地认为，只要理念提上去了，教学效率自然而然就会提高。但是，事实并不是这样简单。很难设想经常出现知识"卡壳"或者传授错误的教师仅仅凭靠"新理念"能成就什么高效率。"一桶水"我们要，"长流水"我们更需要。凡是不顾文化知识水平提高，而只热衷于理念建设的皆属于沙中造塔之辈。我们不能不大声疾呼：知识比理念更重要。

"指鹿为马"是创造

还是在上面那一节课上，有这样一个细节：教师让学生回答人民英雄纪念碑上的题词内容，一个学生却将"人民英雄永垂不朽"说成了"人民英雄永不后悔"。这个时候教师竟然依旧顺水推舟，并且用激励的口吻说："看来你不仅了解了纪念碑的碑文，而且还谈出了自己的理解。"教师在说课的时候还特意将这个细节作为一种课堂教学机智处理的经验进行了介绍。类似这样的情节在课堂上我曾遇到了多次。

【评点】新课改主张尊重学生的个性，鼓励学生学会创造，主张课堂教学要采用激励性评价，这些无疑都给课堂教学带来了可喜的变化。但是，我们必须警惕纯粹的形式的模拟。不能为了尊重而尊重，为了创造而创造，为了激励而激励。把"人民英雄永垂不朽"说成"人民英雄永不后悔"显然是一种回答错误，更不是什么创造。答错了并不可怕，可怕的是教师迁就错误，并且认可这种错误。新课改的理念要求，学习需要具有科学的态度，是就是，非就非。教师的责任是引导学生从"非"走向"是"，而不应该混淆是非，指鹿为马。至于如何实现从"非"向"是"的过渡，这又是一个教学艺术问题。假如老师这样处理："你对你的回答'永不后悔'吗？请再想想看。"正确答案或许一下就能跳出来。

怎么，不敢说呀

在温州全国第七次新基础教育共同体研讨会上，我听过一节小学语文研讨课，课题是《北京》，其中有这样一个情节：教师先让学生画天安门广场建筑物方位图，然后指名学生到讲台上用实物投影仪展示并作解说。学生展示的欲望都非常强烈，一个个把小手举得老高。教师指名一个女生到讲台上展示。当教师让她介绍时，她竟一句话也说不出来。教师急了，说道："怎么，不敢说呀？换一个。"只见小女孩一脸的羞愧，无可奈何地走下了讲台。

【评点】作为一个听课教师，看到一个学生以失败者的身份无精打采地走下讲台，心里真的不是滋味。由此引发了我的两点感想。其一，消极暗示是残害学生智慧的毒药。一时紧张而"语塞"的现象在课堂教学中并不鲜见，学生回答问题出现"语塞"现象最忌讳教师采用消极暗示这种手段。"不敢说呀？"一句话就足以封死学生想说话的嘴。假如老师给学生这样一句话："别紧张，想一想再说。"这样或许就会激发学生的表达。智慧往往爆发在激励的情境中。教师的语言必须要远离消极暗示。其二，教师要善用思维等待。在平时的课堂教学中，我们经常遇到"语塞"的现象。思维是个过程，过程具有历时性。一时想不通是正常的，一想就明白往往是不正常的。在学生一时想不明白的时候，教师能不能给予学生思维等待的时间,是教师是否真的尊重学生主体地位的标志之一。我们追求创建动感的课堂,学生思维的动,才是动感课堂的真谛之所在。老师,别急躁。关键时刻等一等会收到"柳暗花明"的成效,不信,你试试看。

今天你的表现真好

天，我到一处城区学校听课，老师为了落实"面向全体"的素质教育理念，在这一节课中特意安排一个"学困生"回答了几个问题，学生的回答挺精彩。老师当场对这个学生提出"表扬"："今天你的表现真好。假如你平时能像今天这样，你的成绩早就提上去了。"这个学生刚才那自然的面容，立刻蒙上了一层莫名的红晕。他终于惭愧地低下了刚刚抬起来的头。

【评点】老师也许真的非常满意那个学生的课堂表现，真的想借这个机会狠狠地表扬他一下，并无意要伤害学生的自尊心，但是这种"无意的伤害"恰恰反映了"骨子里"对"学困生"的歧视。纵然是在表扬的时候，老师还不忘藏上一把"刀子"。老师"表扬"的"潜台词"才是内心的独白："没想到你今天居然也会回答问题。平时的课你咋就不好好听?"这样的表扬实在比责备还让人难以接受。尊重学生，一视同仁，不是一句口号。没有心中的尊重，只靠"临时抱佛脚"的"作秀"是非常蹩脚的事情。凡是伤及自尊的伤害都是深度伤害。"后进"在很大程度上是老师的一种定势，并不是学生自己的一种学习状态。案例中也表现了"学困生"的精彩。这也正应验了时髦的一句话："给点阳光就灿烂。"别忘了朱永新定律：说你行你就行，不行也行；说你不行你就不行，行也不行。为师者切记：让每一个孩子都抬起头，挺起胸膛，迈开大步向前方。

老师，你的条件弄错了

一个数学老师，在讲二年级数学课《乘法的初步认识》时设计了下面一个问题。师：请将"7＋7＋7＋7＋4"改为乘法算式。生1：7×4＋4①；生2：7×5－3②；生3：不对，这两个都不是完全乘法算式；生4：8×4③；生5：老师，你的条件弄错了，如果是"改变为简便算式"就好了。师：还是同学们聪明。

【评点】这个案例给我们三点启示。启示一：问题的设计要富有挑战性。"7＋7＋7＋7＋4"是一个设计奇妙的问题，妙就妙在第五项的"＋4"。这一项的确算作神来之笔，学生的思维空间由此得以拓宽，而且为增加思维力度创造了条件。①②③三个式子都渗透着学生对数学的理解，思维力度的层次性也得以展现。启示二：数学究竟是"算题"还是"解决问题"？新课程主张学生要学"有价值的数学"，数学的价值关键在于培养学生的数学思维和数学方法，在于用数学思维和数学方法"解决问题"。从"算题"的角度评价，①②两个式子都不能算对；从"解决问题"的角度来看，还是"改变为简便算式"更好，这样①②③三个式子分别从不同层次提供了解决这一问题的方法。我们应当看到，"算题"和"解决问题"反映了两个截然不同的教学理念层次。"算题"是"应试教育"的产物，"解决问题"才是素质教育和新课程的追求。启示三：学生的精彩才是课堂的精彩。"老师,你的条件弄错了,如果是'改变为简便算式'就好了。""还是同学们聪明。"这绝不是两句简单的对话,这里面蕴含着教学的民主和教师对学生的欣赏。我们可以设想,在专制和武断的课堂上,面对学生的发问该是怎样一个情境。"就你爱钻牛角尖。老师就真的不如你了?"学生的创造火花不知有多少,恰恰就是这样被葬送了。我们一定要明白,民主是课堂的基础。只有让学生动起来才会有"精彩"。学生的精彩才是课堂的精彩。

20 颗金星的尴尬

新课程理念下的课堂教学有一个明显的特点，就是激励性评价的广泛应用。一次我陪同全市基础教育课程改革专家视导团听这样一节数学课：一上课，教师一边从盒子里把一颗颗金星拿给同学们看，一边说："同学们，这节课老师精心准备了20颗金星，谁在课堂上表现出色，老师就会把金星奖给谁。想不想要啊？""想！"全体学生异口同声地回答。于是，随着一个个问题的展开，一场金星争夺战开始了，一颗颗金星不停地飞向一个个积极回答问题的学生。看到这种场面，我心中在想，奖励这么频繁，一旦金星不够用了该咋办呢？果不其然，当教师把手伸进金星盒的时候，盒子里已经空空如也。"对不起，老师的奖品做少了，下一节课老师再补发给你好吗？"教师有点尴尬地向学生解释说。一种希望的突然落空，学生的脸上显出几分无奈。再后来的问题解答，教师只好"负债经营"了。

【评点】这个案例启示我们深入思考：课堂教学过程中的激励性评价，是否一定要采用这种"物化"的"所见即所得"的形式；激励性评价的频率是否越大越好。激励性评价是以激发学生内在的需要和动机，以鼓励学生自觉主动提高自身全面素质为目的的一种价值判断活动。激励性评价对学生的发展有着重要的促进作用。现代心理学研究表明，个体需要的满足（得到肯定性评价），会使评价对象产生愉快的情感体验，从而极大地激发个体的动机，调动个体奋发向上的积极性，促进评价对象自我发展。对于激励性评价的实施我们应该注意三点。一是不应提倡过多地采用"物化"的激励性评价方式。因为，每节课制作20颗金星毕竟不能坚持长久，偶尔一用，难免给人一种作秀的印象。激励方式可以灵活运用，既可用眼神赞许、颔首、伸大拇指、微笑、抚摸学生的头等动作进行，也可用"你真行""好样的"等语言进行，还可以用评选"小博士""小明星"等进行。二是激励性评价频率不宜过高。频率过高往往会使激励失之严谨。譬如在课堂上我们经常看到随手扔"奖品"的现象，激励的价值在老师的"随手一扔"之中大打折扣。三是要注意激励性评价的负面作用。如果课堂上教师激励性评价用得太多、太滥，不停地奖红花、奖金星，让学生几乎是为了得奖而学习，这样便会进入课堂激励性评价的误区。心理学研究发现，积极的学习动机和态度的形成，不只是来自外部，更主要的是来自内部奖励——学习成就感。如果滥用外部奖励，不仅不能促进学习，而且可能削弱内在动机的作用。小心，过多的激励会捧杀学生生命的义务感。

黑烟过后是白烟

在一次公开课上，一位化学教师正在讲《钠的性质》，在做演示试验前，教师讲道："当我们把燃烧着的金属钠放到装满氧气的集气瓶中时，将会看到钠剧烈燃烧并生成大量白烟。"教师一边说着，一边将燃烧着的金属钠放入氧气集气瓶中，结果偏偏没有冒出白烟，恰恰相反，全是黑烟。全班大惊！听课的教师也都有些惊慌。面对"黑烟"，教师沉思片刻，似乎悟出了什么。教师接着就这个现象向同学们发问："这样看来，刚才燃烧的东西就不是金属钠了！可是，这的确是块金属钠。那么，刚才为何燃出黑烟呢？请同学们回忆一下金属钠的物理性质与贮存方法。"全班一下子活跃起来，一个学生抢着发言说："金属钠性质活跃，不能裸露在空气中，而是贮存在煤油中。""你说对了！由于我的疏忽，实验前没有将沾在金属钠上的煤油处理干净，结果发生了刚才的实验事故。为了揭示上述错误原因，我不打算回头处理煤油，而是将沾有煤油的金属钠继续烧下去。请大家想想，烧的过程中，烟的颜色将发生什么变化？""黑烟之后将出现白烟。"同学们异口同声地说。教师重新点燃了金属钠，还冒着黑烟，只不过放入集气瓶后逐渐变淡。教师将燃烧着的金属钠又移至另一个集气瓶中，燃烧变剧烈了，似乎听到了"嘶啪"的响声，集气瓶中的白烟在翻滚！"同学们，你们的预言实现了！"教师向大家宣布。台下响起了热烈的掌声。

【评点】 通过这一节公开课，我们可以得到三点启发。一是公开课要追求真实。凡是上过公开课的人都有体会，公开课最怕出差错，总希望能像行云流水一样顺畅。其实，课堂教学是一个动态生成的过程，其间充满悬疑和不确定性。曲折是真的，顺畅是假的。现在的公开课作秀者太多，表演者太多。公开课如果不是一个认识过程的自然展现，而是一个事先排练的公演，那么它除了戕害学生的品德和智慧以外，再无任何意义。二是教师要建立"资源意识"。课堂教学就是一个生成资源、提升资源的过程。所谓课堂资源，就是课堂上生成的现象和问题。单从认识层面来看，有正确资源和错误资源之分。在一般的课堂上，人们往往对正确资源关注有加，而对错误资源利用不够，甚至惧怕错误，在错误面前手足无措。这位老师面对"黑烟"并未紧张得冒汗，而是把它作为一种资源，分析出现"黑烟"现象的原因，从而引出学生对钠的性质的全面掌握，就在"山重水复疑无路"的时候，开拓出"柳暗花明又一村"的境地。当白烟在集气瓶中翻滚的时候，"黑烟"的资源价值同时得到体现。三是教师要有应变的智慧。传统的课堂讲究预设，教师满足于用早已准备的知识应对学生。现代的课堂追求开放和创生。叶澜教授主张"把创造还给教师，让教育充满智慧的挑战"。在我看来，教师在课堂教学中的即时应变能力，包括资源的评估、发展定向，最终将资源提升为真理认识的能力就是教师智慧的重要体现。

第三条是直线

一个初中语文教师在教《变色龙》的时候,曾精心设计了这样一个教学情节:"同学们,只要我们用几条线就可以形象地概括《变色龙》的内容。下面我先画一条。"教师一边说着,一边在黑板上画了一条从低处起笔,在低处终笔的五折曲线。曲线画完了,教师洋洋得意地说:"这就是世界上最完美的曲线。主人公奥楚蔑洛夫的'变'就这样'一线了之'。你还能画出别的样式的线吗?"这下同学们有点不服气了,大家都憋足了劲更深入地投入课文的阅读之中,都想从课文中读出一条更完美的线。一会儿,同学们纷纷举起了挑战的手。教师赶忙指名一个学生到黑板上画。只见这个学生在教师所画曲线的位置画出了一条弯曲方向相反的曲线,并解释说:"老师画出了奥楚蔑洛夫对'狗'的态度的不同变化,我画的是奥楚蔑洛夫对'赫留金'态度的不同变化。"两线对应进一步丰富了学生对课文的理解。教师提议同学们为这个学生的精彩表现鼓掌祝贺。紧接着,教师又顺势而下,提出了新的问题:"看来同学们对课文的理解非常深刻。如果说这两条曲线形象地画出了奥楚蔑洛夫善变的丑态的话,那么,请同学们再考虑奥楚蔑洛夫不变的是什么。你还能用一条线表现出来吗?"课堂上沉静片刻,又有几个学生举起了手。教师又指名一个学生来到讲台上。这个学生挥手在两条曲线中间画了一条直线,并且在直线上写下了"趋炎附势,欺软怕硬"八个字。

这条直线就像一把利剑把"变色龙"的嘴脸串起来示众。课堂的高潮就这样形成了。

【评点】我们不能不为这个教师的教学艺术策略而折服。分析这个案例资源，至少有三点可以供大家借鉴。一是妙用激将。俗话说："劝将不如激将。"自尊要强是少年儿童的重要特点。因此，在课堂教学中，适当运用激将法是提高教学效果的有效方法之一。所谓激将法，就是利用学生自尊心和逆反心理积极的一面，从相反的角度以"刺激"的方式对学生寄予良好的期望，以激起其"不服气"情绪，使其产生一种奋发进取的"内驱力"，将自己的潜能充分发挥出来，从而收到不同寻常的效果。"这就是世界上最完美的曲线。你还能画出别的样式的线吗？"案例中教师妙用激将，收到了"一语激起千层浪"的功效。二是巧于示范。在课堂教学由"接受式"教学模式向"探索式"教学模式过渡的过程中，我们发现有些教师在课堂上有淡化教学示范的倾向，甚至过于担心示范会产生"教师替代"。需要指出的是，示范和替代有着质的不同。示范意在引导，"替代"实为赠"鱼"。大家知道建构主义是新课程的理念之一。建构主义认为，教师应该注意在学生的"最近发展区"，提供一定的"脚手架"，并且"脚手架"应该随着学生理解的深入而逐步拆减或重新组合。案例中教师开始的示范，以及后来"直线"的引出，都较好地体现了建构的特点。如果教师不能在学生需要的时候，为学生搭建"脚手架"，那只能是一种放任和不负责任。三是精于辩证。教师在教学中较好地运用了辩证的方法，比较自然地实现了由奥楚蔑洛夫的"变"向"不变"的引申。"变"是一种现象，"不变"才是本质。正所谓"井淘三遍出甜水"，文章主题的挖掘在辩证中趋于深化。

第十章
课改困境与突围

　　君不见,传统课堂滚滚来,年复一年难见改。全国课堂的行走,让人顿生感慨:教育纵有千万难,课堂改革第一难。讲授本位,知识本位,做题本位,考试本位,从理念到行为模式,依然大面积地统治着课堂。置身课改的困境之中,有良知、有梦想、有担当的亲们,总是不甘沉沦,思考教育的未来,投身课改的大潮,您的突围就是中国教育的风雨彩虹。

传统课堂"十八怪"

第一怪:教师课堂做主宰

学校学堂又学生,
学咋不在俺手中?
教师课堂做主宰,
只信灌输老传统。

第二怪:教参教案念开怀

备课本,抄明白,
复制粘贴真快哉。
脱稿上课成奢望,
教参教案念开怀。

第三怪:串讲串问嗯啊哎

大问题,全肢解,
点点问,陷阱栽。
串讲串问嗯啊哎,
答案皆从教参来。

第四怪：课件控制装现代

信息化，新时代，
现代技术令人爱。
无奈观念不转型，
课件控制装现代。

第五怪：课堂作业课下来

讲讲讲，还是讲，
下课铃声突然响。
课堂作业课下来，
却道老师一份爱。

第六怪：知识仰仗背自在

重点难点画下来，
知识仰仗背自在。
死记硬背是绝招，
高分低能亦开怀。

第七怪：秧田座次一代代

排排坐，坐排排，
秧田座次一代代。
岂容小组围起来，
纵是刻板俺也爱。

第八怪：坐着听课就是爱

师站讲，生坐听，
刻板坐姿似法定。
坐着听课就是爱，
站坐自由可不行。

第九怪：学生天天腻题海

一上课，就做题，
下了课，还是题。
学生天天腻题海，
苦海无边岸何在？

第十怪：角落学生真无奈

考分低，叫差生，
去一边，莫同情。
角落学生真无奈，
归属于爱全成空！

第十一怪：校服当作被子盖

厌倦讲，瞌睡来，
校服当作被子盖。
旁若无睡依然讲，
但信瞌睡醒不来。

第十二怪：学生都被书山埋

教辅书，考试卷，

层层叠叠眼前摆。

学生都被书山埋，

可怜生命渐渐蔫。

第十三怪：标准答案莫更改

教学围着"考"字转，

急功近利但求快。

认准死理难求新，

标准答案莫更改。

第十四怪：实验无需动手摆

实验室，不常开，

有实验，讲出来。

多快好省求功利，

实验无需动手摆。

第十五怪：音体美课常不开

人有七窍莫堵塞，

开全课程都明白。

只因考试考不到，

音体美课常不开。

第十六怪：读写姿势难见范

最奇怪呀最奇怪，
读写姿势难见范。
问君可见哪学校，
会读会写做表率？

第十七怪：周考月考竞慷慨

应试教育魂犹在，
"考"字法宝丢不开。
期考年考不必说，
周考月考竞慷慨。

第十八怪：可怜更多眼镜孩

讲为主，如阴霾，
听记背，日夜拽。
近视率，警心怀，
可怜更多眼镜孩。

新课堂的困境与突围

所谓新课堂，可用一句话加以概括，即生命活力和课堂效率和谐统一的课堂。新课堂旗帜鲜明地宣判：所有赤裸裸直冲效率的课堂都是不人道的。只有靠生命活力支撑的效率，才是真正的高效率。时代呼唤新课堂，但是，新课堂的创建依然步履维艰。那么，在新课堂的创建过程中，究竟有哪些困境？我们应该怎样突围？以下五个方面供大家参考。

一、专业信仰的困境与突围

专业信仰，即人们对所从事职业的尊崇与热爱。当下教育最上位的问题是相当数量的教师缺乏专业信仰。我们不妨用三个追问加以验证：一问，我们手头从事的这份职业，你喜欢吗？二问，对于任教的学科，你痴迷吗？三问，对于每天都要面对的学生，你热爱吗？面对这样的追问，结果都会让人感到遗憾。许多老师居然直言不讳地选择不喜欢、不痴迷、不热爱。我们不得不得出这样的结论：不爱是最大的敌人。选择了又不爱是不道德的。我在想，人到底为什么活着？难道不是为了生活的快乐、事业的成功、生命的幸福？突围的智慧竟然是如此的简单：喜欢＝快乐，痴迷＝成功，热爱＝幸福。快乐、成功、幸福，并非源于他人的恩典，而在自己手中，从被动到主动唯有自动。

二、师生关系的困境与突围

我曾经多次借用易经卦象演说课堂,并且用易经的"否"卦注解传统课堂。天在上,地在下,构成否卦卦象,恰好可以用来比喻师生关系,师居天位,生居地位。《象》曰:"天地不交,否。"新课堂呼唤师生位置的回归,老师应该有勇气把学生当作天,自己甘做地。什么时候老师能够情愿说"同学们,你们就是老师的天哪",那时才会呈现否极泰来"泰"卦的气象:"天地交,泰。"其实,所有的改革都是关系的调整。新课堂的核心变革,恰恰是师生关系的重新调整。正所谓,关系一变天地宽。

三、知识结构的困境与突围

"知识是结构化的、关联的、分类的,依据内涵排序,并且是以人为中心的。"(钱学森语)就面上来看,老师多喜欢教哪个年级就研究哪个年级的教材,而对学段教材,乃至跨段教材的知识结构缺乏系统把握。如果知识学习不能实现从点到线、从线到面、从面到体的系统化,就不能实现生命的智慧融合,其效率可想而知。突围之道就是逐步提升以学科知识结构建设为核心的专业素养。制订完善学科知识结构的具体规划,不妨参照"一年学段厘清,两年跨段完善"的思路,尽快使教师形成较为完善的学科知识结构。

四、课堂模式的困境与突围

基础教育课程改革已有十余个年头,但是,客观地评价我们的课堂,以"老师讲,学生练"为主的教学模式依然占据着课堂的统治地位。实践证明,仅仅有"要从以教为主转变为以学为主"这样的理念抑或口号是不行的,理念要变成行为模式,需要有模式流程的引领。新课堂教学模式的重建可用以下顺口溜说明:"三维目标记心间,学展点练四连环。没有学,没有展,紧闭尊口不发言。有了学,有了展,师生一起再点练。

课堂原本很简单,模式一变一重天。"

五、执行力的困境与突围

为什么看似雄心勃勃的课改计划总是难以实现?——执行力不足!为什么好的决策总是一而再、再而三地付之东流?——执行力不强!为什么课改一度曾经辉煌,后来却好景不再?——执行力流失!为什么付出比计划多,结果却达不到计划效果?——执行力黑洞!为什么课改时常陷入问题怪圈:校长怨中层,中层怪教师,教师怪校长?——执行力危机!大家不妨尝试用"12345"新课堂攻坚工程来强化课改执行能力。"1",即新课堂呼唤重建新的学习观,主张在课堂教学中,重建尊重学生主体、重视小组合作的"以学定教"的课堂学习观。"2",即抓住预习和课堂作业两个突破口。"3",即努力做到"三个整合",将教案改革、课堂改革、作业改革整合在一起进行。"4",即实现"四个变革":一是"设施"变革,诸如多媒体等现代教育技术设备的应用、黑板的添加;二是"形式"变革,诸如课堂座序更换、小组合作学习等等;三是"模式"变革,教学模式要体现"以学定教"的要求,模式构建要简约,忌繁琐;四是"评价"变革,认真落实课改专项评价,促进高效课堂建设。"5",即重建新的"五环节"课堂模式——"目标认定—自主预习—展示交流—点拨升华—作业反馈"。靠教学模式的变革,实现课堂教学的突破,倡导各学校根据学段、学科的不同特点构建各自的课堂教学模式。

引爆课堂"核聚变"

新课堂作为新课改核心的突破口,其"核聚变"的能量正在日趋强大。继近年来涌现出全国课改"九大范式"之后,2013年《中国教师报》再度推出"新九大范式"。新课堂将为助推全国新课改的深化提供更多的典型和样板。只有正确认识新课堂的增长点,进一步明确我们的目标和责任,才能整合全国课改人的智慧和力量,让新课堂龙行天下。那么,新课堂究竟有哪些增长点呢?笔者以为至少有以下"六个增长点"需要大家"聚焦"。

一、新课改呼唤新学校文化

亲爱的朋友,不管你是校长还是教师,请回答我一个问题:"你能用一个关键词或者一句话概括学校的文化吗?"(请在空格处填上你的答案)答曰:_____。如果你有答案,那就恭喜你了。请再进行下面升级性的对照。你的概括普世吗?经典吗?凝练吗?独特吗?如果你的概括同时能够满足以上"四项全能",那么,你的学校就可能是有文化的。之所以说"可能",是因为文化不仅仅是一些概念和口号,文化更是一种行为模式,是从学校广大师生的日常行为习惯中自然地流淌出来的。关于学校文化我们不妨从一首小诗中得到启发:"生命诚可贵,爱情价更高,若为自由故,两者皆可抛。"一言以蔽之,学校文化就是需要回答:"若为什么故,一切皆可抛。""什么"两个字,好辛苦!文化承载的是学校的核心价值观。回顾一批课改明星校，学校文化的缺失、学校文化与课改文化的不对称，是制约新课堂纵深发展的主要矛盾之一。作为中国教师报的特聘专家，由于工作的关系，我去过全国100多所学校，在调研中发现有些学校恰恰时常被上述的矛盾困扰。诸如课改与地域、学校管理政策的冲撞，课改与教师培训内容和方式的不协调，课改与地域、学校评价体系的脱节等等，都反映了学校文化创建的紧迫性。学校有了文化，才能确保课改的深化。

那么，究竟如何创建基于新课改的新学校文化？我不想进行过多的理性叙述，建议大家不妨从安徽省泗县灵童学校"童本文化"创建的案例中得到实践性、操作性的启发。大凡课改的学校，都会思考一个问题：高效课堂的"魂"究竟是什么？当一再进入思而不得的困境的时候，他们终于明白课改是个系统工程，就课堂言课堂不一定会有新课堂。课堂的"灵魂"，必须依附学校的"灵魂"。于是，一个学校文化创建工程自下而上地启动。从家长到社会，从学生到教师，从校干到校长，从校内到校外，从名师到专家，一次次理念碰撞，一次次文化分享，一个独具灵童特色的"童本文化"系统逐步清晰起来。"童本文化"的价值信仰：人人都是灵童，个个都能成功。办学目标：送我一个孩子，还你一个灵童。学校生态：童真、童趣、童心、童智。校训：激活灵性，快乐童心。校风：自动、自发、自信、自强。学风：好奇、探索、灵动、灵活。教风：呵护、引领、点燃、点拨。在"童本文化"框架基础上，他们又构建了文化落实项目体系。诸如"童本管理""童本德育""童本课堂""童本阅读""童本课程"等。从此，灵童学校走上了"学校文化品牌化，品牌打造项目化，项目落实常规化"的科学发展之路。"童本课堂"因"童本文化"的引领而精彩。

二、新课堂呼唤新教师素养

作为全国课改排头兵的杜郎口中学，由于历史的原因，当初的确是基于教师素质低下、"教不了"或者"教不好"而进行课改的。但同时，我们不得不承认杜郎口的智慧恰恰在于，紧紧抓住课改这一"牛鼻子"，大打教师专业素养翻身仗，培养出了一大批课改名师。同时，我们必须避免一种错误倾向的蔓延——似乎课改成败与教师素养高低"弱相关"，尤其不能在课改强调"以学为主"的时候，把教师的素养看得无关紧要。新课堂呼唤新教师素养。关于新教师素养，教育部颁发的《中小学教师专业标准（试行）》作了全面的规定，请大家认真学习贯彻落实。

下面，结合课改实际就培养新教师素养谈一下个人的理解。从理念和实践相结合的视角来看，新教师需要致力于"三个重建"，突破"三个瓶颈"。

"三个重建"。一要重建职业道德观。我一直推崇"道"即"德"的观点。回归道德的原点，回归道德的本质，就要回归教育规律，回归学生身心发展的规律，回归课堂教学规律，回归学科知识建构规律。遵循教学规律是最高的道德。二要重建专业知识结构。实现已有的相对宏观的专业知识背景与具体学段的学科课程的整合，沟通不同年级之间、不同学段之间学科知识的结构性关联，清晰把握学科知识的来龙去脉，甚至是跨学科的知识综合，这些都是新教师面临的重要任务。三要重建新课堂教学模式。从课堂教学规律的层面来思考，新课堂教学模式可用"以学定教"来概括。构成要素包括："自主、合作、探究、快乐、高效。"具体展开可以有不同的样式。需要特别说明的是，传统的思维方式，习惯于将"教"和"学"看成是两件事，容易走极端。新课堂主张，在课堂教学的情境中，"教"和"学"是一件事，强调"学"的时候，需要追问出"教"的存在，需要"教"的时候，就要追问出"学"的需要。新课堂不讳言对"高效"的追求，但它同时又标明，追求"自主、合作、探究、快乐"基础上的高效。

"三个瓶颈"。一是课堂生成的瓶颈。新课堂的瓶颈在生成，新课堂的精彩在生成。亲爱的老师,当面对课堂上众多的展示资源的时候,你是习惯于引领学生进行是非评价,还是追问不舍:"你还能再精练一点吗?""你还能再深刻一些吗?""你还能多一种见解吗?"课堂最贵是生成。课堂生成的缺失,就是智慧的缺失,就是创新的缺失,就是精彩的缺失。突破课堂生成的瓶颈,需要强化生成意识,注重生成方法,历练生成智慧。二是课堂拓展的瓶颈。这里说的课堂拓展,不仅仅指一般意义上的学与练的延伸,更关注学与用的整合,关注知识、智慧、人格的升华,关注课堂知识与生活、与社会、与时代的联系。三是专业成长的瓶颈。专业成长的瓶颈集中体现在专业反思、专业阅读、专业写作三个方面。专业反思能力的核心是要逐步形成批判性思维品质,在不断地批判和否定过程中,追求教学的日臻完善。专业阅读要把一般意义上的阅读计划升级为专业阅读课程。教师要充分利用图书阅读、网络阅读、音像阅读等形式不断丰富自身的专业素养。专业写作,不一定是去写一些大论文、大文章,而是要坚持从记录教育教学的点点滴滴开始,把教育教学现象当作研究的资源,最基本的要求是,开个博客或者微博,哪怕每天一句话。作为新教师的标志,博客似乎必不可少。虽然有博客未必是一个新教师,但是,在这样一个信息化时代,没有博客一定不是一个新教师。

三、新课堂呼唤内涵式发展

纵观全国的课改,有一个现象值得我们深思:许多课改名校的成功,在一定程度上是靠"吃模式转型的红利"而成功的。必须承认,在传统的"以教为主"的课堂教学中,"学"的"生产力",受到严重的抑制和挤压。"以学为主"课堂模式的转型,使"学"的生产力得到极大解放,"学"的"生产力"的解放,带来了课堂效率的不断提高。这就是课改经济学的必然逻辑。美国教育家杜威曾这样说:"正像没有买主就没有销售一样,除非有人学习,不然就没有教学。"面对"模式转型红利"这一概念，我顿然生出一点遗憾、一点担忧。遗憾的是，就全国而言，依然还有千千万万的学校和教师缺乏课改自觉，眼睁睁地将"模式转型红利"弃之一边，任划时代的课堂上"重复着昨天的故事"。令人担心的是，就已经进入课改的学校而言，当"吃完模式转型的红利"之后，又应该咋办？

走内涵式发展道路是我们唯一的选择。走内涵式发展道路，就要立足于新课堂的学科化，在课堂上彰显学科魅力。文有文的道，理有理的理。必须摒弃课堂的试题化倾向，回归基于问题解决的探索与发现。一旦课堂上充斥着试题的功利，学科魅力就会被淹没。诸如，语文课琅琅书声的缺席，数学课数学思想、数学方法的缺位，科学课操作实验的省略，等等，这些现象都应该引起我们的高度警惕。谁英雄，谁好汉，学科魅力比比看。

走内涵式发展道路，就要敢于进行技术创新。我曾经写过一篇文章《"3G"技术突破与"三学"升级》，希望实验校积极参与高效阅读、高效记忆、高效表达培训课程的开发，大胆进行课堂技术创新，让新技术扮靓新课堂。

走内涵式发展道路，就要精心打磨课堂细节，让课堂细节的完美，成就新课堂的完美。到学校调研，我已经养成一个习惯，巡课班班到，细节看高效。每每发现高效的细节，都会用影像加以收藏。细节打磨就是要增强课堂的科研含量，确保每一个环节都是精品。亲爱的老师，你不妨尝试运用"点思""点研""点评""点创"的"点点微课研究法"，让你的课堂每天提升"一点点"。

自主学习能力：
一个中心，两个基本点

亲爱的读者朋友，请首先回答几个简单的问题：你有爱读书的习惯吗？你有独立思考问题的习惯吗？你有写笔记或者写随笔的习惯吗？假如你具有以上三个好习惯，你就一定是一个自主学习能力比较强的人；假如没有，上面的结论就不妨成为对你自主学习能力的一个提醒。同样的方式问学生，结论依然成立。自主学习能力没有多少神秘可言。在我看来，我们重点需要把握"一个中心，两个基本点"。"一个中心"，即自主学习能力以自主思维品质为中心；"两个基本点"，即自主学习习惯和高效的学习方法。下面，结合课改中的问题，分别谈一下我的认识与建议。

一、关于自主思维品质

在日常的巡课转课中，我特别在意两件事情：一是看课堂上要解决的问题有没有学生提出的问题；二是看问题的结论是学生自主通过独学、对学、群学得出的结论，还是只等待教师结论的"规范与强化"。我甚至武断地愿意将有没有"我的问题"和"我的结论"，作为评判课堂"自主学习能力指数"高低的"试金石"。但是，恕我直言，恰恰是上面的"两有"，让人非常失望。我们见到的最为普遍的是自主思维的替代。

导学案替代。学什么，怎么学，导学案都有比教材文本更繁杂的规定，却缺少学生自主提出问题、分析问题的空间。更有甚者，有些导学案说白了就是在课堂上让学生无休止地做题、做题，还是做题。一节课能做完题就算高手，哪还有时间提出"我的问题"！

教辅替代。尽管国家三令五申规范教辅用书的使用，但一个学科充斥三五种教辅资料的现象并不鲜见。时常发现，学生展示的时候照本宣科地念教辅资料上的答案，老师还不忘及时加以鼓励"你回答得很好"。不少课堂已经形成了如下的恶性循环：自主学习变成了把教辅资料上的答案照抄到导学案上；黑板展示变成了把导学案上的答案照搬到黑板上；问题讲解变成了面对黑板的自圆其说，或者，面对导学案的自言自语。教辅资料已经成为扼杀学生自主思维品质的一大公害。

课件替代。随着教育现代化水平的不断提高，课堂上多媒体工具的使用已经比较普遍。新课堂当然呼唤新技术的应用，但是，自主学习能力背景下的多媒体使用需要我们认真研究。现在的情况是，不少老师习惯于用多媒体演示知识的逻辑与结构，尤其喜欢问题结论的快捷推出。学生如果失去了对知识逻辑结构的探索和结构重建的体验，自主思维便会因简单认同结论而化为乌有。

优生替代。自主思维品质只能在自主思维过程中培养。基础差异的根源，从本质上说是自主思维品质的差异。在小组合作学习背景下，如何培养后进生的自主思维能力，值得大家认真研究。在课堂上经常出现后进生不思考、优生给结论的现象，我们称之为"伙伴替代"，或曰"优生替代"。关于这个问题的解决策略，请参见《新说合作12点》一文。

一个人怎么想，就决定他怎么学；

一个人怎么学，就决定他怎么做；

一个人怎么做，就决定他怎么活。

活得精彩来源于做得精彩；

做得精彩来源于学得精彩；

学得精彩来源于想得精彩。

二、关于自主学习习惯

文章开篇的问题作为自主学习能力的标志，彰显了习惯的价值。人都是习惯的奴隶。自主学习习惯不是凭空产生的。一个不能自立的人，很难设想他学习会自主。一个人的学习方式，总是受制于他的生存方式。所以，课堂世界要向家庭世界、社会世界延伸，激活自主习惯的源头活水。不管是生活，还是学习、工作中，遇问题，敢想破釜沉舟当如何；有困难，当思背水一战又何为。就课堂而言，每课必有学，习惯成自然。我之所以欣赏杜郎口中学，就是欣赏杜郎口中学总是能找到课堂的简单。生必学，学必展，展必点，点必评。自主学习习惯的培养全靠有效的课堂机制。人人一块小黑板，学习成果展上面。一堂如果不学习，黑板空白无脸面。精彩大家齐欣赏，问题共同来进谏。我的课堂我做主，自主学习乐无边。自主学习习惯就是在这样一堂堂、一天天、一月月、一年年的持续中培养起来的。

有人说，没有兴趣就没有自主学习习惯。学的兴趣就在从被动接受到主动探索的转型之中。

有人说，没有自信就没有自主学习习惯。课堂展示为学生表达搭建了舞台，板演的潇洒、讲解的流畅、表演的精彩，都成了自信的快捷通道。我自信，所以我自主。

有人说，没有体验就没有自主学习习惯。学的成功带来伙伴的欣赏，这种体验会内化为生命的呐喊：自主原来可以这样精彩。

三、关于高效学习方法

近年来，我一直觉得，在高效课堂的推广过程中最受忽视的问题就是学习方法。自主学习能力的培养，如果没有高效学习方法的支撑，就会因徒劳和蛮干而增加学习负担。最让教师无奈的是学法。如，多数导学案都只规定"学什么"，但对"怎么学"很少涉及。学法意识的缺乏，学法课堂的落实，应该引起大家足够的重视。高效课堂的深化需要科学方法项目的引进和推广。譬如高效阅读技术、高效记忆技术、高效表达技术，我把它们称为"3G技术"。限于篇幅这里不再展开，具体请看拙文《"3G"技术突破与"三学"升级》。关于学习方法，我有两点体会：一是得法就是兴趣。偶尔在家里教外甥认识数字，总是很难引起他的兴趣。一天突然在网上发现一首《数字歌》："1像树枝细又长，2像小鸭水上漂，3像一只小耳朵，4像小旗随风飘，5像衣钩墙上挂，6像豆芽开心笑，7像镰刀割小麦，8像二个小圈圈，9像蝌蚪小尾巴，0像鸡蛋做蛋糕。"音乐、动画、形象，让他百听不厌。所谓教学艺术就是把抽象枯燥的知识变得饶有趣味，其中介就是方法。二是得法就是高效。怎么才算高效？高效就是忘不了。36年前高中学的数学知识，几乎已经忘没了，唯有三角函数值的符号口诀依然记忆犹新："一全正，二正弦，三两切，四余弦。"细想原因，还是口诀记忆帮了忙。关于学习方法的学习有两点建议：如果有就教给学生，我一直主张给方法而不是灌输；如果没有我们要学会追，"你是用什么方法这么快就掌握的?"诸君谨记：得法者得力，得力者得胜。

导学案问题诊断与矫正

导学案作为高效课堂的路线图和方向盘，在课改中具有举足轻重的作用。随着高效课堂在全国的广泛推广，导学案使用也越来越普遍。由于工作关系，我曾到过全国100余所学校进行课堂调研，所到之处，导学案都会成为一个关注点。调研中发现，在导学案的编制和使用过程中存在一系列问题，现分述于下：

一、满"案""题海"战不休

不少导学案受功利主义影响，信奉"练出效益"，错误地将高效课堂的"以学为主"赤裸裸地变为"以练为主"。开篇预习题，再是展示题，最后达标题，如果把导学案的冠名去掉，俨然就是一张课堂测试卷。这样就把以往的考试战"题海"，变成了如今的天天战"题海"，堂堂战"题海"。导学案如是，性质就变了。我们绝不能允许应试教育的"题海"，假借导学案而"还魂"。

"基于问题的解决"，实现从"试题化"向"问题化"的转型，是导学案改革的当务之急。

二、以"案"代"本"令人忧

所谓"以'案'代'本'"，指的是在一些课堂上以导学案代替教材文本的现象。导学案就其实质而言，不妨理解为"引导学生更好地学习教材文本"。当然，我们不反对对教材文本的改造与整合，但是，我们依然要保持必要的"教材文本敬畏"。完全脱离教材文本，仅仅凭靠"一张纸"，甚至，宁信"纸"，不信"本"，可就本末倒置了。

　　课本上有的东西不要再大面积地搬运到导学案上。导学案就是要搭好"脚手架"，引导帮助学生更好地对教材进行学习。好好读书永远是最基本的学习方式。

三、导学缺位成"死穴"

　　导学案多重视"学什么"的设计，而对"怎么学"普遍有所忽视。这里的"怎么学"更侧重于学习方法。学法指导的缺位已经成了导学案的"死穴"。有些看起来貌似学法指导的设计，其实，大多都是学习要求。作为教师设身处地地从学的角度，与学生分享学习方法的少之又少。

　　教师从"以教为主"向"以学为主"转型，尤其需要科学的学习方法来支撑。在导学案的设计中，与"学什么"相对应的，应该有"怎么学"。

四、容量超载课难收

　　每节课导学案的容量究竟多大才合适？这是一个需要认真研究的问题。从现状看，容量超载是一个较为严重的现象。有些导学案的案卷长度比教材文本还长，致使许多课都在课堂达标环节不了了之。

　　建议实施导学案瘦身计划，每节课导学案卷长以16开正反一张纸为宜。问题和练习都要精选。

　　另外，诸如导学案层次性不清晰、评价标准不具体、印刷浪费现象等，都应该引起大家的关注。

课改忧思几时休

课改作为国家基础教育的大政方针已经在全国逐步推行，但是，课改的推进却始终步履蹒跚，行进艰难。它既是当下教育的热点，又是难点。作为课改的参与者，我不觉生出几分"为课改之忧而忧"的慨叹。

一忧，多方扯皮何时休

课改作为一个系统工程，需要多方精诚合作。但是，中国的事情，尤其是教育上的事情，政出多门，就难免扯皮。究竟有多少人在真心为孩子负责？自上而下，追求部门权威，讲究部门利益，部门之间不能说没有合作，但合作之中缺乏真诚。课改方案的制定者多为教育专业的中青年专家，于是，有些老资格的教育专家感到自己的权威受到挑战，对课改横挑鼻子竖挑眼，或等闲视之，或抵而触之。在老人政治、老人学术的今天，凡"老"便可以左右形势。我们无意诋毁老专家的丰功伟绩，只想呼吁他们也都来做课改的促进派。课改的政策管理自上而下走基教司、处、科这条线，教师培训走师范司、处、教师进修站这条线，科研教研又要走教科所、教研室这条线。三线作战，有利的你争我抢，无利的你推我让。多方扯皮，何时能休？试问，课改如果不能建立多方协调机制，成功的可能能有几许？

二忧，课改理念难克隆

众所周知，新课改的理念是国际化了的，诸如后现代主义的哲学背景、建构主义的深刻影响等等。理念的重建主要是运用"灌输"的模式，通过叫作"通识培训"的专家理论讲座进行。专家的理论自然富丽堂皇，说起来头头是道，听起来津津有味。但是，教学的现实往往是残酷的，在残酷的现实面前再先进的理论也会黯淡光辉。我们国家的理论家和实践者往往分为"两张皮"。我们不妨设想，如果让理论家到课堂上"走两步"，他们是否会无奈地失掉舞台上侃侃而谈的风采？尽管我们知道这毕竟是强人所难的事情，但是，我们的确需要呼唤理论家走进课堂，我们呼唤中国的"苏霍姆林斯基"。理论家如此，那身在一线的校长、教师又如何呢？在跟几个校长的谈话中，我曾经问及"三维目标"的问题，结果一问三不知者大有人在。我到学校进行课改调研，和实验教师交流，调查学科课程标准学习情况，结果更让人大失所望，能够完整读完课程标准的寥寥无几。这种现象实在触目惊心。理念之不通，课改之大患矣。一年下来，有些老师仍在唱那首老歌："星星还是那颗星星哟，月亮还是那个月亮。"我们不禁慨叹：什么时候"篱笆墙上面"才能"爬满豆角秧"？

三忧，综合课程难综合

本次课程改革的显著标志之一，就是综合课程的推出。《基础教育课程改革纲要（试行）》明确指出，改变课程结构过于强调学科本位、科目过多和缺乏整合的现状，设置综合课程，国家从政策上积极倡导各地选择综合课程,另外,对各学段的课程设置原则和综合科目做出了具体规定:"小学以综合课程为主。"其综合科目为:品德与生活、艺术(或音乐、美术)、综合实践活动等。"初中阶段设置分科与综合相结合的课程。"其中综合科目为:科学(或物理、化学、生物)、历史与社会(或历史、地理)、体育与健康、艺术(或音乐、美术)以及综合实践活动等。

在新课改实验过程中,综合课程的实施遇到了前所未有的阻力,已经成为课改的热点和难点,并且已经陷入日暮途穷的境地。

就小学而言,品德与生活,大家普遍容易接受。艺术(或音乐、美术),由于后面加了一个"拖斗"便为继续分科操作开了绿灯。再者,一些权威出版社只出版分科艺术教材,不提供综合教材,也起到了推波助澜的作用。不少实验区干脆从一开始就选择分科教材,有些实验区选择综合艺术教材实验两年之后,左顾右盼,见参与者寡,于是开始考虑退出。综合实践活动的诸多项目,信息技术教育、研究性学习、社区服务与社会实践以及劳动与技术教育,缺乏有效的运作机制,多采取各自为政的施教方法。小学的"以综合课程为主"的政策约束力苍白到了极点。初中段的综合科目,除了体育与健康能够被大家接受之外,其余多返归"拖斗"的分离状态。难怪人们多在慨叹:综合之难,难于上青天。

在我看来,造成这一尴尬局面的原因大致有三。首先,政策的偏失。譬如,既然规定"小学以综合课程为主",就应该把"艺术"后面的"拖斗"去掉。或者出台《基础教育课程改革纲要(试行)》实施细则,按照地区类型明确规定发达城市一律使用综合教材,欠发达地区可以使用分科教材。既然认准了综合的路就要破釜沉舟,逼上梁山。其次,教师准备的先天不足。教学的实施不能脱离教师的知识基础。没有那么大的"荷叶",就无法包那么大的"粽子"。综合学科教师的匮乏是导致某些综合学科教学"流产"的直接原因。再次，对学生利益的漠视。综合学科的设置对学生而言无疑是一种福音，这样不仅能够减少学科门类，从而使减轻学生负担成为可能，而且也会因为知识的综合增加学生学习的兴趣，从而提高学生的综合能力。综合学科的设置符合学生发展的需要，学生普遍欢迎。

四忧，教师素质难适应

上文已经提到，新课程的理念是和国际接轨的，甚至在积极向西方发达国家的教育理念看齐，但是以发展中国家的教师素质来实现国际标准的教育理念，其结果必然不遂人愿。我绝对没有轻视我国教师队伍的企图，但是，我们必须承认，从总体上看，我国教师队伍的素质普遍不高，而且，随着学段的降低越发低下，尤其在广大的农村和边远地区。记得几年前，我在乡镇搞过一次教师专业知识考试，规定小学教师只考本学科的学段知识，结果小学语文勉强及格的居然有3人，小学数学不及格的也竟然有2人。这就是农村小学教师素质的严峻的现实。有不少年龄偏大的教师由于教不了初中，只好云集小学。他们的年龄多在45岁以上，由于历史的原因，这些老师多数都没有经过科班的培养，"文革"的经历使他们形成了严重的知识缺陷。不少地区都对45岁以上的教师表现出诸多的无奈，甚至想甩掉他们。教学评优45岁以上即丧失必要的年龄条件，有些培训也把45岁以上者拒之门外。这些教师多已经沦为教育的"弱势群体"，面对时代教育的步伐他们已经显得相当乏力，新课程的到来怎能不令他们束手无策？就农村而言，如果实事求是地做个评估，充其量能有三分之一的教师能够适应新课程的要求；有三分之一的教师经过艰苦的努力可能勉强适应；还有三分之一的教师，如上面提到的45岁以上的一部分教师，离新课程的知识与文化要求太远了。照本宣科尚且困难，动态生成、主体开放更加无从谈起。教师综合素质的提高已成为课改的燃眉之急。

　　课改之忧，不唯此四，诸如评价滞后之忧，地方教材、校本教材开发的混乱之忧等，也都应该引起大家的重视。

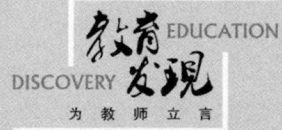

第十一章
课改创新与发展

最近,不管是跟崔其升校长交流,还是听崔校长报告,听到最多的不是课改的技术操作,更多的是"修身""养性""真诚""高度""人道""人性""天性",而且,经典脱口而出,文化含量、智慧含量、哲学含量,随着他人生阅历和课改实践的丰富,已经出现"井喷效应"。没有形而上的哲学思考,就不会有自己的教育思想,作为一个具有原创成果的教育家,他必然是一个哲学家。教育要回到"人"的原点,只要所有的校长、教师重天道,行人道,尊学道,课改就有了希望;只要讲真诚,有高度,把教学当作修身养性的路径,课改就会有进展,有突破,有成果。

所以说,高效课堂呼唤再创新,其实就是呼唤再回归。

"四变化"与"一拓展"
——课改创新又出发

  伴随着新课程改革,高效课堂也已经历十几年的探索,杜郎口中学作为课改领袖,始终坚持创新,不断突破自己,从而引领全国高效课堂的发展。概括杜郎口中学的最新创新成果,可以用"四变化、一拓展"概括。下面,具体谈谈我的理解。

  杜郎口中学之所以让我感动,是因为她的变化使每一个造访者惊奇,如果你曾经多次造访定会发现杜郎口中学每天都是新的。2006年以前,我曾经6次去过杜郎口中学,并且,在杜郎口中学经验的发现和研究过程中,做出过我的所谓贡献,也被崔校长称为能够读懂杜郎口中学的几个人之一。这次重访杜郎口中学我真的惭愧了。在报告会上,我真诚地为我近几年没有到过杜郎口中学而致歉,并且承诺,杜郎口中学必须年年来,经常来。这也是我想郑重地给大家的建议:假如你真想做课改,假如你想关注课改前沿的方向,切不可用杜郎口中学的"过去时",解读杜郎口中学的"现在时",更不可武断地推定杜郎口中学的"将来时"。

  下面,具体说"四变化",即从"四有"到"四无"。

  "从有导学案到无导学案。"毋庸讳言,导学案曾经为全国的课改转型做出了重要贡献。导学案在课改初期,其"路线图、方向标"的价值不可低估。没有"教"的放心,不会有"学"的放手。在导学案中,通过"六导学"——"目标导学""问题导学""任务导学""流程导学""方法导学""时间导学",成就了"教"的放心,"学"的放手就得以实现。根据全国的经验,导学案在课改初期,具体说至少第一年,仍然不可或缺。但是,毕竟它是一个辅助资料,尤其是很容易成为应试教育的帮凶,有些导学案已经退化成了课堂的考试卷。过去的复习考试战题海,成了今天的堂堂课课战题海。关于导学案的问题,这里不作展开,请大家参看拙文《导学案的问题诊断与矫正》。导学案的从有到无是必然的。当然,我们一如既往地提倡对教材的变通和改造,实现从"教教材"到"用教材教",把导学案升级为《学生读本》也不失为一条新路,大家都可以进行研究和尝试。

去导学案究竟有什么价值?价值一,回归文本,让学直接和教材文本对话,而不再需要通过导学案的"一传"。价值二,减轻学生课堂负担,真正实现课堂从做题到问题解决的本质回归。

如何去导学案需讲究一个原则、三个策略。一个原则,即去掉导学案,课堂转型不复辟。"讲"的惯性,真可谓得寸进尺,无孔不入。需要特别指出的是,有些转型不彻底的学校,恰恰是借着去导学案而复辟回传统的。所以,去导学案需要讲究策略。策略一,导学案瘦身为导学卡;策略二,导学卡转型为提示卡;策略三,多媒体出示导学案。需要特别说明的是,多媒体课件必须转型,由单问题单张线性展示,转型为集约式、板块式问题展示。一旦回到一问一学一答一讲,想不复辟怕也难了。

"从有小组评价到无小组评价。"更确切地说是不再特别注重小组的具体的量化评价。不是说评价从此可以不用,而是说,评价不要滥用。所有过于细碎、过于具体的评价,都有滥用之嫌。我们时常发现在课堂上因为评价打断课堂思路的情况,虽然评价过多分散了师生的精力,但是,我们也不能从一个极端走向另一个极端。小组评价从具体量化走向模糊评价,从一点一评走向集约评价的确是我们面临的一个新的尝试。

"从有师到无师。""无师课堂"是杜郎口中学具有原创价值的一大贡献。所谓"无师课堂",并不是说真的没有教师,而是说教师必须实现从研究教到研究学的转型。新课程主张教师是"平等中的首席",杜郎口中学的理解更朴素,就是"头雁",就是"领头羊"。"教"如果不进入"学"的角色,"教"就不能体会学的需要。过去杜郎口中学的教师在课堂上多处于"隐身"状态,现在也可以和学生一起"现身",他们讲究与学的同步,同步学,同步展,同步点,同步练。在杜郎口中学的课堂上教师有专门的展示黑板,教师同样跟学生一起展示:用我的格式,引领学的格式;用我的逻辑,引领学的逻辑;用我的思路,引领学的思路;用我的创新,引领学的创新。参与学,发现学,指导学,引领学,不懈怠,不放弃。无师是一条策略,学生背水一战,才会学出个柳暗花明。

"从有作业到无作业。"必须说明,这一条并不是杜郎口中学新近才有的变化,而是杜郎口中学十几年来一以贯之的做法。我一直坚持,所有不能当堂完成作业的课堂都不能称之为高效课堂。高效课堂的重要价值在于,追求课堂的高效,还学生课下的自由。杜郎口中学的课堂作业形式是人人把精选的作业展示在黑板上。对了,大家一起来欣赏;错了,小组成员都来帮。当堂作业,当堂检查,当堂反馈。课堂作业堂堂清,翻转课堂自能成。课外学习有余力,自选动作自主定。老师还可以免除批改作业之苦。我曾经专门考察过杜郎口中学的办公室,根本找不到作业橱。就课堂作业这一条,全国能做到的真的是凤毛麟角,而且,大都顽固地认为课堂作业推到课下是理所当然的。"从有作业到无作业",你不妨也试试看。

"一拓展。"原先杜郎口中学的教室三面黑板已经足可以让人称奇,如今成了五面黑板,实在让人叹为观止。杜郎口中学教室的黑板,从来都是一道亮丽的风景,这也是杜郎口中学具有原创价值的一大发明。我曾经多次向崔校长建议,杜郎口中学要申请"黑板面积最大教室"的世界吉尼斯纪录。在全国各地的报告中，我曾经不止一次地问："五面黑板都在哪里？"不少人都突破不了室内的局限，其实，杜郎口中学的室外走廊也是黑板。黑板是杜郎口中学最为朴素的智慧，杜郎口中学始终坚持人人有一方黑板。具体标准：每个展位面积：60cm×100cm；一般每次展示10—12行，每行10—12个字。好多学校每个小组一个展位，实在是大打折扣了。学得咋样？拿出来看看嘛！有钱难买看得见。一旦学的黑箱，变成展示的阳光，课堂就成了一目了然的事情。学如果有藏掖，效率就会往下跌。黑板的机制在于，一学，大家全知道，一不学，一刻你也跑不了。黑板真的是魔板，学的智慧都可见。明明白白我的学，最爱自信节节攀。

高效课堂前景展望

高效课堂是开放的,创新发展是永无止境的。那么,高效课堂的未来究竟是什么?我们应该从哪些方面拓展创新路径?高效课堂"深水区"也好,"高原期"也罢,都给我们提出了艰巨的挑战。跳出课堂看课堂,跳出教育看教育,才会进入课改的自由王国。我们需要更大的背景,更大的境界,更大的胸怀,更大的智慧和更大的担当。

高效课堂要创造美好的未来,需要——

从理念走向行动

所有改革都是艰难的、痛苦的,甚至残酷的。提到改革我们都会想到四个关键词。一个叫"壮士断腕"。课改需要勇气,勇气只属于"壮士","断腕"纵然痛切,再痛刀也要下去。好可惜呀,好可惜,纵览祖国大地,像崔其升校长这样的"壮士",实在是百难挑一。但是,我们不会失望,因为,下一个或许就是你。一个叫"背水一战"。我们曾经多少次寄托于所谓"循序渐进""慢慢来"的改良,但我们见到的多是"夜郎自大"和"固步自封"的傲慢与不屑。在全国的 200 多场报告和座谈中,我曾经多次现场调查一个再简单不过的问题:"如果你是初中或者高中老师,能确保在你的课堂上没有学生睡觉的请举手。"可惜,除了几个体育老师敢举手之外，其他老师没有几人。我曾经到过一些在全国很牛的高中学校，但是，学生在课堂上睡觉的现象屡见不鲜。有一次，我到某省最牛的高中进行课改调研，发现在所谓尖子生实验班里照样有学生呼呼大睡。下面，我跟校长的谈话就更耐人寻味了。"于老师，你别小瞧我们那几个睡觉的学生，那多半是我们明年的清华、北大。""这话我深信不疑，不过你知道他们睡觉的画外音是啥吗？""啥？""不用听你讲，清华、北大照样上。如果听你讲，清华、北大我考不上。"我敢保证睡觉的学生是会自己"开夜车"的。换种角度思考，睡觉这种"罢学"的形式或许正是他们对传统灌输的挑战。"我们的升学率在全省是最高的，搞课改升学率低了怎么办？"我曾经不止一次地说过，课改首要的不是创新，而是回归，回归教育的原点：回归教育规律；回归学生身心发展的规律；回归课堂教学规律；回归学科知识建构的规律。回归规律咋就那么难呢？现在的情况是，不守规律的学校、教师太多，反而，谁守规律就成大逆不道了。如果不把那些违背教育规律，依然被视为传统的"釜"破掉，不把那些不走正道的"舟"翻沉，课改将举步维艰。一个叫"重疴猛药"。把规律异化成为大家信仰的"传统"，这是一个长时间的、大面积的、普遍性的"重疴"，没有"猛药"是断不会重现生机的。最后一个叫作"刮骨疗毒"。要承认"我有病"，没有大的胸怀是不行的。要想有勇气忍受"刮骨疗毒"的痛彻心扉，真的需要职业良心的回归和义无反顾的"涅槃"精神。

谈理念，学校头头是道，老师也明明白白，譬如，"自主、合作、探究"大家几乎都百分之百地认同，但是，一到实践，百分之九十的又低下头去了。恕我直言，我们现在不缺理念，缺的是用行动注解理念。"其实理念在泛滥，课堂依然没有变。"我们在乎的是，想说的要说到，说到的要做到，做到的要见到。从理念到行动需要遵循如下的逻辑：

有了理念问目标,

有了目标问流程,

有了流程问工具,

有了工具问执行,

有了执行问评价,

有了评价问使用。

从知本走向能本

人不是知识的容器,学知识是为了长能耐。从知识本位向能力本位转型,是素质教育的应有之义,就是大家最为关注的高考、中考也在实现从知识立意向能力立意的华丽转身。2014年高考语文全国卷阅读题《古代食品安全监管述略》旨在通过梳理中国历代在食品安全监管方面的法律和管理经验,引导考生关注当前社会热点中的食品安全问题;而广东卷阅读题《鹤》、上海卷作文"自由与不自由"等试题内容范围广、设问角度活、答案不唯一、评分多层次,为考生体现创新能力提供了充分的展示空间;数学全国卷以"空气质量"这一社会热点为背景命制,要求学生应用统计与概率方法对天气进行预测,领会统计与概率的应用价值;数学江苏卷第18题以古桥保护为背景,考查学生的建模能力。最近发布的《国务院关于深化考试招生制度改革的实施意见》明确规定:"深化高考考试内容改革。依据高校人才选拔要求和国家课程标准,科学设计命题内容,增强基础性、综合性,着重考查学生独立思考和运用所学知识分析问题、解决问题的能力。"从知识转向能力,绝不是说知识不重要,而是说,我们的课堂不能仅仅停留在知识层面,而是要强调知识的应用,具体说来就是沟通知识与生命、知识与生活、知识与时代、知识与社会的联系,通过这四个联系培养学生的创新精神和实践能力。从"以教为主"转型为"以学为主",仅仅完成了第一步,实现从"以知为本"向"以能为本"的再转型,将是高效课堂面临的一个更具挑战性的任务。

那么,你的课堂究竟是"知本课堂"还是"能本课堂"?判别并不难。如果你的课堂追求"做题本位",那就一定是"知识本位",说穿了就是"应试本位";如果你的课堂回归了"问题本位",那就应该是"能力本位",也就是我们向往的"素质本位"。拙文《从知本到能本的六级台阶》大家可以参考。

从课堂走向课程

高效课堂紧紧扭住课堂这一核心,致力于课堂转型,毫无疑问,这个突破口选得准,抓得牢,攻坚战,见成效。但是,它解决的毕竟是"怎么学"的问题。所谓转型,即从"被动学"到"主动学"的转变。实践证明,就是这一转变也来得实在不容易,任何忽视这一转变,抑或压根就瞧不起这一转变的言行都是应该警惕的。课改的深化必然要涉及"学什么"的问题,从某种程度上说,"学什么"比"怎么学"更重要。所以,从课堂走向课程就成了课改深化的必由之路。

关于课程,我们没有必要陷入众多概念的"迷魂阵",下面,不妨做一些个性化解读。究竟什么是课程?"课"就是主题,"程"就是有序。纵观名校、名师的与众不同,你会发现他们之所以力拔头筹,无一不是课程的贡献。正所谓:"一等教师做课程,二等教师搞活动,三等教师'活'不停。"只要你思考周围老师的生存状态,你就不难发现,有些老师干了一辈子活,未必成就一件事;有些老师做了一辈子事,未必留下一个成果。我们几乎可以说,课程也是名师成长的路程。所以,重建课程意识,投身课程创新,就成了老师智慧生存的方式。

那么,究竟如何进行课程创新呢?以下"四个领域""四个类型""四个层次"供大家参考。

四个领域。每每深入学校考察,学校展示的课程多是一些特色项目课程成果,尤其以艺术领域居多。当然,学校课程总是要根据学校实际,选择某个领域率先突破,这本无可厚非,但是,课程毕竟要满足学生发展的多元需要,它需要有一个相对完整的内容模型。譬如,领域Ⅰ:人文的;领域Ⅱ:科技的;领域Ⅲ:艺术的;领域Ⅳ:健体的(健康与体育)。如果说课堂主要是学生的"规定动作",那么,为学生"自选动作"开发校本课程体系,就成了课改学校的神圣使命。

四个类型。其一,分层课程。比如数学可以按照难度系数编制:数学Ⅰ;数学Ⅱ;数学Ⅲ。这样难度由高到低,适合学生根据自己的实际情况选课、走班上课。尊重学生的差异性,让他们自主选择适合他们的课程,因材施教就不再是一句空话。其二,分类课程。比如语文可以根据不同的类型,打破分册、年级界限对教材进行重组,从而让教材更适应学生的认知规律,提高课堂学习效率。其三,综合课程。比如跨学科的研究性学习课程。其四,特需课程。学生的志向和兴趣爱好是丰富多彩的,规定的未必是他需要的,选择的才是他必需的。满足学生的特别需求,这才叫"特别的爱,给特别的你"。

四个层次。校本课程的开发,主要有两条路径:一是国家课程的校本化;二是校本课程的自主开发。就校本课程开发而言,主要有以下四个层次:一是校本课程,以学校为主体研发的校级课程;二是班本课程,以班级为主体研发的课程,诸如班品(一班一品)课程、班会课程等等;三是师本课程,以教师为主体研发的课程,比较常见的如学科拓展课程;四是生本课程,学生自主开发的课程,学生是课程开发的生力军。放手让学生自主研发属于他们自己的课程,实现"我的课程我做主",将是课改另一重境界。

从书本走向书香

书本（这里专指课本）当然是学生在学校里主要的学习内容，但是，如果仅仅从书本到书本，天天只会啃书本，这样的教育会亏本。仅从高考、中考来看，大家越来越发现一个现象，那些出类拔萃的，多是那些喜欢课外阅读的学生。教师亦然，我从来没听说过一个不喜欢读书的人会成为名师的。人不可没有书卷气，校不可没有书香味，一个缺乏书香味的学校总是在直觉上给人一种浅薄感。一个群体，如果没有精神的厚度，纵然汲汲于高端，也只能可望而不即。我不得不直言，我们有些课改名校，恰恰是在书香味上给人以苍白感。亲爱的校长，请问你平时喜欢读书吗？亲爱的老师，请问你平时喜欢读书吗？亲爱的同学，请问你平时喜欢读书吗？就我全国调研的情况来看，劝人读书是一件十分艰难的事情。终年不读书的人，大有人在。我们的教育生态有些奇怪，不读书的人，照样可以教书；不读书的人，照样可以升学。只要读书不能跟生存发生关联，单靠生命的自觉，它只能沦为少数人的"红利"。

在拙文《现代课堂"十八变"》中，专门有一变"课堂功夫在课外"："新课堂，大系统，课堂功夫在课外。书香校园爽精神，课内课外共精彩。"书香校园的具体实施，需要以下六个保障：一是目标保障，需要构建分学段、分年级的阅读目标系统；二是时间保障，要积极创造条件开设阅读课；三是课程保障，在校本课程开发中，要把阅读作为重要课程内容；四是制度保障，譬如建立《"五个一"阅读制度》，"周诵一诗，月读一（报）刊，季读一书，班建一（图书）角，年办一（读书）节"；五是活动保障，诸如荐书活动、晒书活动、聊书活动、画书活动、唱书活动、演书活动、共读活动、读书演讲活动、经典诵读比赛、书签设计比赛等；六是评价保障，把阅读情况纳入学生《家庭通知书》评价项目，纳入教师综合考评。我们都需要谨记：工作再忙也要读书，手头再紧也要买书，住房再小也要藏书，交流再少也要聊书。有关书香校园建设的具体操作，请参见拙文《把学生培养成读书人》。

从传统走向现代

高效课堂作为现代课堂的一种类型，必须有现代技术给予支撑。现代技术的核心是信息技术。从某种程度上说，课堂的信息技术含量指数，就是现代课堂的标志之一。需要大家特别警惕的是，信息技术并不生来就是高效课堂的救星，技术是靠人来用的，它一旦到了传统教师的手上，就会成为传统课堂的帮凶，用信息技术上传统课的学校、教师屡见不鲜。所以，高效课堂必须坚持"课改理念"—"课堂模式"—"学科课程"—"信息技术"捆绑式的转型，让信息技术与课堂理念、课堂模式和学科课程同步进行有效的整合。

有一种现象值得我们思考：不少课改学校固执地认为"没有现代化的技术照样搞课改"，即便添加了多媒体设备，不少也是做个样子，配而不用并不鲜见。我姑且把这种思想称作"课改小农意识"。高效课堂如果要走得更远，必须占领信息技术的制高点，要不，就不配引领时代。

信息技术已经成为社会的生态要素，它也理应成为高效课堂的生态要素。目前来看，信息技术在课堂中的应用主要有三种模式。其一，班班通，就是每个班都配备多媒体设备。其二，组组通，每个小组配备一台电脑，如山西的泽州一中模式。其三，人人通，每生一块平板或者一台笔记本电脑，如山东省淄博市临淄二中的云课堂模式，云学云教云成长，站上云头尽风光。云思维、云笔记、云展示、云作业、云互动、云生成、云测试、云评价，正在打破班级、学校、地域的疆界，创造划时代的学习方式。如果你有责任、有条件、有能力，请大胆地"云"起来。

扭住"两化"不放松
课改再创新路径

今天，我想从"两化"的角度谈一些感想。这里所说的"两化"，专指学科化、课型化。

关于学科化。想法的产生基于课改现状：许多学校在完成从"以教为主"向"以学为主"课堂模式转型的过程中，或多或少的，都以牺牲学科特色和学科魅力为代价。当多学科共用一个模式的时候，学科本质、学科规律、学科特色、学科魅力很容易被模式绑架。只要一上课就是做题，开篇预习题，中篇展示题，最后达标题，学科成了一个题库的分类标签，特色、魅力自然无从谈起。

解决这一问题，有以下三点需要注意：一是不能容忍一强调学科化就放弃转型的探索。实现课堂教学方式的转型是必需的，我们要的是绽放学科特色和学科魅力的转型。二是走出"做题课堂"的误区，回归"问题解决"的本真。关于这一点，拙文《重建课堂问题观》有过论述。三是分学科制定课堂评价标准。如果有必要可以单独把学科特色、学科魅力进行赋值评价。至于学科本质、学科规律、学科特色、学科魅力，《课程标准》都有明确的界定。在学校层面实施课改的过程中，要充分发挥学科专家在谋划、管理、评价中的作用，让学科因课改更精彩。

关于课型化。时常发现每堂课都"标一程"——"学一程"——"展一程"—"点一程"—"练一程",每程最多十分钟。纵然这样无可厚非,但是,总觉得蜻蜓点水难深入,急急忙忙就收了工。课改深化的本质就是放大"自主、合作、探究",而放大的主要制约因素就是时间,唯有时间的适当放长,才有"自合探"的放大。由此,以上课堂环节的课型化,就成了一种深化策略。山东省淄博市临淄二中的实践经验是,把上面的"标—学—展—点—练"分解为三个课型:

自主学习课:
目标认定　把握方向
自主学习　合作探究
小组展示　反馈矫正
展示交流课:
各组展示　质疑评点
点拨生成　深化内涵
理清规律　构建结构
反馈拓展课:
联系生活　提出问题
运用知识　解惑释疑
知识拓展　延伸探究

这样操作的前提是,需要重组整合教学单元或模块,从而实现系统地学,系统地展,系统地点,系统地练。好处是,通过时间的适当放长,成就了"自主、合作、探究"效益的最大化。课型的相对固定,也是制约课改复辟行为的一剂良方。同时,三型一案的整合,可以解决一课一案的繁琐劳动问题。

现代课堂"十八变"

第一变:我的课堂我主宰

新课堂,新时代,
以学为本大道开。
学好才是教得好,
我的课堂我主宰。

第二变:师生关系否生泰

生下地,师上天,
天地不交否自败。
且将乾坤倒过来,
师生关系否生泰。

第三变:自主合作动起来

导学案,学开怀,
自主合作动起来。
独学对学加群学,
生命狂欢大气派。

第四变：三维目标堂堂晒

新课程，新课改，
三维目标堂堂晒。
创新实践成常态，
知本转到能本来。

第五变：模式创新破阴霾

新理念，做中来，
理念全靠模式载。
学展点练四连环，
模式创新破阴霾。

第六变：黑板展示人人爱

我展示，我精彩，
黑板展示人人爱。
学咋样，亮堂堂，
所见所得呀呼嗨！

第七变：聚焦观展更自在

固定座次从不再，
坐姿由俺来安排。
身心舒展向学去，
聚焦观展更自在。

第八变:动态生成真能耐

  课堂精彩动中来,
  智慧挑战君莫待。
  规律方法又结构,
  动态生成真能耐。

第九变:堂堂作业拉清单

  高效课堂求高效,
  高效更要讲人道。
  课堂作业课内完,
  堂堂作业拉清单。

第十变:走班走组让人爱

  选择适合我的菜,
  老师课程俺自排。
  且将差异变资源,
  走班走组让人爱。

第十一变:教材重新组模块

  教教材变用教材,
  教材重新组模块。
  整合凸显高效率,
  教师个个更有才。

第十二变：音体美课都全开

课程开全课时足，
音体美课都全开。
全面发展有保障，
个性特长搭舞台。

第十三变：动手探索兴未艾

我参与，我亲历，
生命体验智不衰。
实验研究活水来，
动手探索兴未艾。

第十四变：课堂功夫在课外

新课堂，大系统，
课堂功夫在课外。
书香校园爽精神，
课内课外共精彩。

第十五变：课堂课程同步改

课堂课程同步改，
校本课程趣自在。
兴趣小组社团化，
社团活动课程带。

第十六变：多元评价我最帅

> 天生我来必有才，
> 各有千秋尽豪迈。
> 多个尺子多条路，
> 多元评价我最帅。

第十七变：考试排名去不再

> 周考月考令禁止，
> 考试排名去不再。
> 返璞归真讲人道，
> 唤醒生命追大爱。

第十八变：云中学习真快哉

> 云课堂，划时代，
> 平板网络任徘徊。
> 信息化，新生态，
> 云中学习真快哉！

思维导图在高效课堂中的
具体应用答问

问：有些学校在导学案中引入了思维导图，这样做的目的是什么？

答：导学案，导学案，导学价值要体现。学什么，很明显，三维目标是指南。知识与能力、过程与方法、情感态度与价值观，三维目标一线牵，思维才是生命线。导学，从本质上说，就是导思维。导思维就是挖潜能，挖潜能就是促发展。在导学案中引入思维导图，是一种有意义的尝试。它的意义在于，这不仅标志着导学案从"知识本位"向"能力本位"的转型，而且，为课改思维核心的定位，提供了科学的路径与方法。

那么，在导学案中引入思维导图，要特别注意什么呢？一是要对师生进行思维导图基本的理论与实践培训，诸如基本原理、主要特征、常用工具、具体画法、个性创新等。凡事都要先有规范，再讲应用，讲规范就是讲科学，就是讲效率。在实践过程中，经常发现有些学校错误地将知识的图形化当成所谓的思维导图，我们要谨防思维导图"山寨版"的泛滥。二是一开始教师不妨提供思维导图的半成品。譬如，教师画出主题和一级分支，让学生画二级分支和三级分支，也可以预留各级分支让学生填空补充。这样可以降低画图的难度，让学生逐步适应。三是最终要大胆放手让学生独立操作，真正让思维导图成为学生学习的一个工具，让他们画出趣味，画出理解，画出结构，画出潜能，画出个性，画出创造。切忌：思维导图师画定，装我记忆容器中。

问：运用思维导图展示学习成果是新课堂中从"展知识"到"展思维"的升级，应该如何引导学生完成这个跨越？

答：传统课堂喜欢知识的线性组合。从思维模型来看，它多注重点状思维和线状思维的训练，如此这般，知识在大脑中的结构方式多是零星的、分散的，哪怕仅仅从记忆的角度来看，其效率也是低下的。在课堂教学中引入思维导图，就其过程来说，学生在画思维导图的同时就是在进行知识建构，加之思维导图的系统性结构、色彩的冲击、类目的区分等的影响，大脑的片状思维和系统思维功能得到充分的应用。毫无疑问，结构性的、系统性的思维才是触及智慧潜能的高效率的思维。

想要引导学生实现从"展知识"到"展思维"的跨越，具体要实现"四个转型"。一是目标转型。课堂上要始终把培养学生的思维能力，提升学生的思维品质当作"牛鼻子"牢牢抓在手上。二是工具转型。要树立依靠工具转型促进思维转型的理念。课堂上要多一些结构化、系统化的思维工具，除了我们今天探讨的思维导图，诸如知识树、纲要信号图标、结构图表、流程图、解剖图、平面图等，都是一些颇受欢迎的思维工具。三是思维转型。不是说点状思维没有意义，而是不能允许点状思维泛滥。从目前的情况来看，点状思维已经成为一种顽疾，其典型表现就是"串问串答串讲串练"。在平时的听课转课过程中，每分钟提三问的教师屡见不鲜。亲爱的老师，不是不让你问，你能把三个问题一起放下去不？"问题一放就是三，提问坚决不出单"不行吗？还有，学生回答问题，一人回答只一点，这是哪家定的规矩？学生思维的流畅性怎么培养？挑战性从何而来？创造性从何谈起？实现点状思维、线状思维、片状思维、系统思维的有效整合，促进思维的转型与跃升是课改的一大现实挑战。四是评价的转型。课堂评价不能仅仅局限于呈现内容的对与错，要深入思维方法、思维品质、思维个性进行评价。

问：在初三、高三各学科的复习课中使用思维导图展示，这种方式与以往的复习手段相比有什么优势？

答：思维导图最大的特点是契合了人脑放射性立体思维的特性，并且充分运用左右脑协同的机能，让我们在学习的过程中，实现形象思维、逻辑思维的平衡发展。其系统的逻辑架构及全脑思考的方法大大减少了复习时间，对于思维品质和学习效率的提升有令人称奇的功效。传统的复习方法，多凭借线性笔记的强调与再认，对所学知识进行强化和巩固，与思维导图相比，缺少了视觉的节奏感、层次感、空间感、色彩感，一言以蔽之，缺少了形象的系统感。利用思维导图进行复习，特别有利于学生建立新的关系联想，实现从部分到整体的系统建构，同时，也更利于在整体中把握重点、难点、考点的概念内涵和逻辑关联。尤其是思维导图能充分利用大脑皮层技巧，不断唤醒记忆，不断取得新的收获，这对于增强复习兴趣、缓解复习疲劳，也会产生积极的作用。

问：思维导图一般是一个人画，那么小组合作的价值和成果是如何体现在思维导图产生的过程中的呢？

答：学生综合素质的核心，是自主学习能力。自主学习能力的核心是自主思维能力。就思维而言，独立的思维品质和自主思维能力永远是学生的立身之本。所以，在思维导图的绘制过程中，我们一定要提倡学生全力以赴地自主去画，放大学生思维的"自主知识产权"，避免出现"伙伴依赖""伙伴替代""教师依赖""教师替代"的现象。人生最危险的惰性，就是思维的懒惰，但是，这并不意味着自主封闭，远离分享、对话、启迪、生成。而相反的是，自主思维投入指数越大，越能点燃合作交流的激情和愿望。小组合作学习过程中，各成员的思维导图会呈现多种内涵、多种形式、多种风格，内涵、形式和风格的差异恰恰会形成新的学习资源，小组成员在分享、比较、欣赏、矫正、提升的过程中，更进一步地加深对所学内容的理解。还可以评选小组最佳作品，再经过全组成员的修改完善，参与班级展示，因为是小组的集体成果，板演、讲解便可以多人分工完成。这样既可以节省展示时间，又可以让学生享受合作的乐趣。

　　思维导图的绘制，一定要和"独学""对学""群学"的流程机制相一致，决不能跨越"独学""对学"两个环节，直接去追求"短平快"，一个小组画一个，那样只能是欲速则不达。

好课堂评价应关注的15个细节

关于评课，高效课堂有一个简约原则："要什么，评什么。"在课改实施的不同阶段，可以有不同的评价要点。下面，着重从一般性的、系统思考的角度，谈评课应关注的15个细节。概括起来就是"五看18点"。

一看状态

高效课堂呼唤改变师生的生存状态，主张"把课堂还给学生，让课堂充满生命活力"，主张把课堂变成"知识的超市，生命的狂欢"。状态的改变不仅仅是一句口号，它需要三个转型作支撑：

细节1：教学理念转型。课堂要放生"自主"，成全"合作"，促进"探究"。有相当多的课堂都是在"自主、合作、探究"指数评价的时候被打回传统课堂的。关于课改理念，我们主张，想说的要说到，说到的要做到，做到的要见到。

细节2：教学关系转型。在我看来，教和学本来是一对"太极"，一阴一阳谓之道。在课堂教学的情境中，教和学是一件事！"教"为"阴"，"学"为"阳"，以"阴"抱"阳"共成长，以"阴"抱"阳"德高尚，"教""学"相长乐无疆。学得好才是真的好，学得好才是教得好，学得好才是大家的好。

　　细节3：课堂媒体转型。高效课堂作为现代课堂的一个代表，应注重新课堂媒体与传统课堂媒体的整合，要靠信息化引领课堂现代化，追求实现教材文本屏、传统黑板屏、多媒体互动白板屏、学生平板电脑屏的"四屏互动"。一个没有现代技术支撑的课堂，便不足以引领时代课改的方向。

二看问题

　　课堂就是"基于问题的解决"。高效课堂关注问题的三个维度：

　　细节4：问题从哪里来。管理学上有一句话："做正确的事，比正确地做事更重要。"高效课堂的问题来源应该遵循三维目标的规范。知识与能力，过程与方法，情感态度与价值观，就是课堂问题的"纲"，"纲"举"目"才能张。要在讲究问题规范的基础上，追求问题的个性化和趣味性。

　　细节5：谁提的问题。教师当然有提出问题的权利，但是，作为以学为本的课堂，其重要的标志就是看课堂上有没有学生的问题和学生的结论。自主学习从自主提问起步，尊重学生从尊重学生的问题开始。"求学问，需学问。只学答，非学问。"（李政道语）

　　细节6：什么类型的问题。问题类型意识模糊是课改中的一大通病。人们大多对呈现型问题，即提取记忆作答的问题情有独钟，对发现型问题关注不够，对创新型问题关注较少。问题设计的单一化取向，导致课堂思维能力的平板化。关照问题类型匹配，是提升课堂思维品质的有效路径和方法。关于问题设计的具体操作，请大家参考拙文《重建课堂问题观》。

三看模式

模式是一种客观存在。"以学为本"的课改理念,需要有"以学为本"的课堂模式承载。我们可以探索更适合的模式,但绝不会脱离模式,反模式是无知的。模式评价需关注以下三点:

细节7:学程评价。一学是三学,独学、对学加群学。独学是基础,对学是关键,群学来攻关。要具体做到:独学有反馈,对学有落实,群学求效率。独学、对学、群学作为学程应一气呵成,如若独学缺失和对学流于形式,就会出现"假合作"的浮躁。

细节8:流程评价。就高效课堂而言,要做到"学一程→展一程→点一程→练一程",再加概括即"学展点练四连环"。大家需要特别警惕流程的解构。譬如,将"学一程"解构为"学多程",将"展一程"解构为"展多程"。流程的分解,往往就是传统课堂复辟的快捷通道。

细节9:课型化评价。模式的课型化是课改模式发展的必然趋势,诸如自主学习课、展示交流课、反馈拓展课等等,课型不同评价重点亦不同。

四看生成

好课堂一定是"课有生成,学有成长"的课,关于课堂生成,需要关注的是:"一横、一纵、一拓展。"

细节10:横向生成。追求在思维的发散过程中,形成知识和方法的多元理解。

细节11:纵向生成。追求在系统思维的架构中,促进知识的深化,形成知识结构和系统。

细节12：拓展应用。本着学以致用的原则，实现课堂从"知识本位"向"能力本位"的转型，使课堂知识在与生命、生活、社会、时代碰撞的过程中，催生创新精神，锻造实践能力。

五看效率

高效课堂从不回避课堂的效率追求。高效课堂的效率是建立在守规律、重规则、讲规范的基础之上的，特别需要关注以下三个方面：

细节13：细节规范。自主学习的持续需要细节规范的调控，并且需要把细节规范内化为学习习惯。以展示环节为例，基本规范应该是："一板演，二讲解，三质疑，四评价。""板演、讲解、质疑、评价"还可以分出更具可操作性的规范。规范宜简不宜繁，若繁再好无人办。

细节14：内化脱稿。课堂展示，不管是板演还是讲解，要求做到：不脱稿不登台。宁要脱稿的残缺不全，不要照本宣科的圆圆满满。内化不彻底，课堂低效率。

细节15：当堂作业。高效课堂应然的规定动作就是课堂作业当堂清。这一点我们都要向杜郎口中学学习。十几年来，课后"零作业"一直是杜郎口中学课改一道亮丽的风景。原则上，只要是把课堂作业推到课下做的课堂，都不能称为高效课堂。高效课堂的出发点之一就是，提高课堂效率，还学生课外的自由。

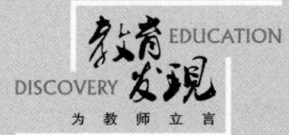

第十二章
跨越高效课堂的高原

　　走进高效课堂，有问题是正常的，没有问题是不正常的。叶澜教授有句名言："发现问题就是发现了发展的空间。"英雄，问题面前寻出路；懦夫，遇到问题找退路。课改难免遭遇高原期，正所谓，"山重水复疑无路，柳暗花明又一村。"朋友，下面的问题你也可能遇到，如下策略是否能有启发？

高效课堂 18 问

1. 为什么总是有人"谈改色变",为什么更多的是失败的教训,主要症结究竟何在?

我一再慨叹:"教育纵有千万难,课堂改革第一难。随波逐流众人为,一谈改革色就变。"从根子上说,问题症结主要有三:一是信仰。一句话,信"分",还是信"人"?信"分"之人,眼中无人,不会信课改。有一个词叫"信服",有一个词叫"服从"。因为"不信",所以"不服";因为"不服",所以"不从"。信"人"之人,关注生命。分分见情,分分有人。二是生态。"应该改"理念和实际教学"就不改"行为的冲突是课改最主要的矛盾。就我到全国各地进行现场调查的结果来看,情况让人非常无奈。"认同课堂应该'自主、合作、探究'的请举手。"齐刷刷举起一大片。那么,请问:"能确保你的学校、你的课堂已经实现了'自主、合作、探究'的请举手。"再瞧,全场没有几只手!敢于"担当课改大使命,义无反顾往前冲"的改革家身单力孤,凤毛麟角。我总算明白了,传统习惯一旦凝结为一种意志,真的比铁还硬,比钢还强。传统习惯就是"我"的既得利益,因为,我们就是靠这个养家糊口的。所以,触动"我"的既有习惯,就是触动"我"的既得利益,"谈改色变"就不难理解了。从我国改革的历史来看,所有的改革,如果没有"不改不行"的改革生态,如果不能影响到生存,就注定会失败。三是制度。课改信仰靠生态，生态创建靠制度。课堂改革是教育改革的"牛鼻子"，课改需要教育制度的转型。我们时常发现，有些课改区域、学校，之所以举步维艰，多是因为被传统教育制度掣肘，"旧瓶装新酒"，不成为"假酒"才怪呢！课改呼唤教育制度的重建。还有一个问题，就是有些区域、学校，建立了新的制度，但是，在执行中走样子、打折扣、留一手。执行力的黑洞，就是课改"复辟"的途径。四是评价。评价是撬动课改的杠杆。做什么，就评什么。课改评价不能靠评材料、评档案了事，主要应该评课堂。评价要拉开档次。没有区分度，课改无力度。评价项目：先进学校、先进级部、先进班级、先进教研组、先进教师、先进小组等等。课改评奖要评得让人眼红。

从全国的课改形势来看，成绩和经验还是主要的。的确有些区域、学校留下了"失败的教训"。失败的原因也不复杂。真改的，一定坚持改，坚持改没有一个不成功的。大凡想借课改弄个"名堂"，一阵风，瞎糊弄的没有一个成事的。人生三大遗憾：一是没有与众不同的选择；二是不坚持自己的选择；三是随波逐流地选择。

2. 在课改推进过程中，家长不支持课改怎么办，如何打消家长顾虑，把家长转变为课改的同盟军？

家长不支持，根子不在家长。家长不支持，多是教师不支持的一种寄托表达。教育的使命不仅仅是适应家长的需要，还要引领家长的需要。在我看来，课改首要的不是创新，而是回归。回归什么？回归教育的原点，回归教育的规律。具体说来，就是回归学生身心发展的规律，回归课堂教学的规律，回归学科知识建构的规律。回归规律才是教育的正道。但是，我们必须看到教育的背道而驰在人们潜意识里已经被认为是理所当然。由于走歪门邪道的太多，以至于给人一种误导，觉得回归正道反而是歪门邪道。好在现在的家长多是有知识、有思考的新家长，越来越多的家长对传统课堂是有意见的，他们更在乎让孩子有尊严地活在课堂上。相信家长，如同相信学生一样重要。说到家校交流活动，课改名校的基本经验是，通过体验，让家长改变对课改的看法。诸如：家长会一改传统的说教模式，利用体验式培训的方式，让家长体验新课堂的魅力；亲子共上一堂课活动，让家长亲临课改现场，感受课改的氛围，亲见孩子的精彩；"爸妈听我说课改"家庭演讲活动；等等。对家长要讲大道理，但更重要的是，让他们亲身感受到课改的好处。当他们看到孩子的自信和阳光，看到孩子自主自立能力的增强，看到孩子的考试成绩不降反升，顾虑就打消了。其实，杜郎口中学等课改名校的课改实践都佐证了这一点。家长的支持是用真金白银表达的。桃李不言，下自成蹊，把课改的本分做好，是对家长最大的影响。

3. 教育行政部门是推动区域课程改革的主要力量，课改进程中，如何防止教育部门不作为、伪作为和胡作为等行为？

实践证明，区域推进课改是一条行之有效的经验。必须承认，现在教育越来越大，教育行政任重而道远，哪里的教育行政也没有轻松的。但是，比较来看，教育行政部门花在外延上的力气，远比花在内涵上的要大。在有些地方，课改的行政不作为是多年来一直让人诟病的一种现实。不改照样可以过日子，改就成了可有可无的事情。区域课改要搞好，以下四个关键因素非常重要。

一是共识。没有共识，一切不行。有的局长急在心上，分管局长不以为然；有的局长、分管局长信心百倍，其他成员模棱两可；有的教育局信誓旦旦，校长却被动应付……

二是合力。教育行政部门各科室都有自己的既得利益，多喜欢各自为政，部门合作扯皮、推诿。

三是执行。课改执行力现状令人担忧。课改不是几个会几个文件就能办好的事情。说到的，做不到；做到的，见不到。行政领导深入课堂的越来越少，定好的文件制度做不到的就拉倒，遇到问题就往后跑。

四是研发。区域课改研发力量不支是制约课改发展的突出问题。课改是在做前无古人的事情，新情况、新问题层出不穷。许多问题都不是翻翻书、查查资料就能解决的，它需要用我们自己的智慧来研究，来突破。课改研发就要尊重规律，讲究科学。课改的品牌创新，说穿了就是研发的比拼。

该干的事不干，就叫不作为。请问，你的课堂"自主、合作、探究"了吗？如果你没有自信的回答，不作为你就得认。说得头头是道，一看没有见到，这样的现象我经历得太多了。所以，我不信说，只在乎做。说得到，做不到，就是伪作为。改一步，退两步，走走停停瞎折腾，就是胡作为。折腾一阵就杳无音信的区域和学校不在少数。

4. 为什么农村学校和城市薄弱学校更热衷于课改，而名校往往不愿意课改？

"先农后城"是我国革命和改革的一个规律，从毛主席的"农村包围城市"到邓小平的先农业改革再工业改革，都是如此。我国课堂改革的路子又一次印证了先农村突破再城市拓展的路子。我在想，课堂改革之所以从农村率先突破，是否与农业生态启迪有关。著名教育家叶圣陶说过这样一句意味深长的话："教育是农业，不是工业。"农业是栽培作物，农业产品是有生命力的，有它自身的特点和生活习性，有属于它自身的内在力量。对于这种内在力量，外部环境不能彻底改变它，只能因地制宜、因时制宜地满足它。而且，不同的农作物有不同的生长季节，有不同的栽培方式，有经验的农民都懂得要适时追肥浇水，适时除草松土，既不能拔苗助长，也不能强制它不生长。但愿我的这一发现，能为农村学校课改突破找到一个注脚。农村学校也好，城市薄弱学校也罢，他们的宿命都是"置之死地而后生"。谁受到生存的挑战越紧迫，谁求生的爆发力就会越大。其实，我们永远不能因为处境因素而忽略了课改校长和课改学校的使命担当。大危机会带来大爆发，大爆发会孕育大使命，大使命会催生大智慧，大智慧会诞生大成功。课改没有突破的学校难当名校这个称号。即便被称为名校，那也是传统意义上的名校。我有一个最为简单的标准，只要你的课堂上还有睡觉的学生，那么当你自称名校的时候，就应该有脸红的感觉。名校大校，不课改顺又平，一课改风险生。优秀是最大的敌人，优秀一旦成为迷信，这个学校就会在优秀中丧失斗志。因为优秀，所以难以卓越。但是，我们必须看到，课改如果没有城市大校、名校的突破，永远是教育的一种痛。好在城市大校、名校中已经有一批学校"破名"而出，诸如北京十一学校、安徽淮北实验高中、四川东辰教育集团等。

5. 课改不止于改课，如何处理好课堂改革和课程建设之间的关系？

课改是个多义概念，广义而言是指课程改革，课堂改革是课程改革的应有之义。狭义而言，专指课堂改革。现在的问题是，新的国家课程体系，已经逐步完善，地方课程也取得了一系列成果，校本课程各校也都在积极实践，但是，并不是课程变了课堂就会自然而然地变。纵使课程全都变，课堂可能依然没有变。必须警惕一种赶时髦的现象——用课程改革替代课堂改革。不少学校谈课程眉飞色舞，头头是道，但进课堂后讲还是讲，传统老套。没有课堂突破的课程改革，必然会绑架新课程为应试教育服务。课程是基础，主要解决学什么的问题；课堂是核心，主要解决怎么学的问题。课程改革与课堂改革是新课堂的两翼，单翼前行，只能在原地画圈。如果你的课堂不能转型，纵然有千万种课程也无法走出传统。我们必须认清课堂改革的核心地位，进一步增强课堂改革的紧迫感，靠课堂转型带动课程转型。但是，抓课堂改革也不能为课堂而课堂，要立足于新课程改革的大背景，强化课程意识，提升课程能力，致力课程实践，用课程思想、课程方法引领课堂改革。关于如何"从课堂走向课程"，请参考拙文《高效课堂前沿创新成果与展望》，这里恕不赘述。

6. 为什么人们总是担忧课改会影响成绩，如何消除这种顾虑？

必须承认，课改是有风险的。其实，这种担忧是可以理解的，就算不改革你同样也会担忧。回归问题，究竟有没有课改名校成了课改而成绩却下降的？不管是高中还是初中，没有这样的例子。当然，教育也不排斥功利。有些学校之所以痴迷于课改，恰恰就是因为暗含着成绩功利的追求而起步的。结果都是课改品牌成了，升学成绩同时也提上去了。如果越改质量越低，那我们还搞课改干什么。我经常打比方，课改跟喝酒好有一比："只要他想喝，你还愁他不醉吗？只要他想学，你还愁他不会吗？"面对课改，所有的不真诚，一阵风，瞎折腾，都会付出质量滑坡的惨重代价。课改讲究规律，讲究规则，讲究规范，讲究目标，讲究流程，讲究内化，讲究展示，讲究生成，讲究拓展，讲究达标，以上"十讲究"都是课堂高效的要素。课堂转型而高效，那叫智慧；课堂热闹而低效，那叫浮躁。课改改的是高效的实现形式，高效课堂依然是我们追求的目标。别的学校高效，别的课堂高效，都不能替代你的高效。要消除课改的顾虑，有且只有一条途径，就是自己投身课改，在酸甜苦辣的体验中，品尝高效的"甜头"，有了这个"甜头"垫底，再有什么困难也会义不容辞了。都说课改中的老师，一年成长胜十年，这话我信。朋友，你也不妨一试！

7. 由于受经费、条件、师资、信息等多重制约，基础教育课程改革在农村学校推进困难重重，一些农村学校出现超级大班现象，如何破解这一困局？

课改需要条件，但不完全依赖条件。当年杜郎口中学一无经费支撑，二无师资优势，三无信息设备，而这些"无"恰恰成了他们课改的"条件"。相比而言，城市的许多大校、名校啥都不缺，不也是照样不改嘛。农村学校的劣势是"小大旧低"：学校规模偏小，教师年龄偏大，家长观念偏旧，学校改革能力偏低；优势是：班额一般较小，非教育活动冲击较少。基于此，乡（镇）域整体推进课改是一种有效的探索。山东省淄博市临淄区朱台镇就是近年来走向全国的课改典型。全镇两所中学、四所小学整体推进课改，一坚持就是十年，他们的镇域课改经验非常值得大家借鉴。受课改品牌的影响，眼下该镇的办学条件得到根本的改变，就是与城区学校相比也差不到哪里去。课改影响力是办学条件改善的一块"敲门砖"。

农村大班额现象主要集中在农业地区的城区学校，这个现象伴随着城镇化的进程还会较长时间地存在。这个问题有两个方面的原因：一是城区教育资源配置不足，造成学位拥挤；二是管理混乱导致城区学校盲目膨胀。

8. **课程标准是课程的"灵魂"，教材是课程的"肉体"。标准是"罗马"，教材是"道路"。如何理解"用教材教，而不是教教材"这一理念？**

课程标准是课程的"灵魂"，教材是课程的"肉体"，这种认识基本正确。但是，我们知道，所有的比喻都是蹩脚的。所谓"灵魂"，一般指课程思想、课程理念、课程文化。课程标准是对某一具体课程"学什么""怎样学""学到什么程度"的基本要求。教材是课程标准具体化的"载体"。标准是"罗马"，教材是"道路"，课堂就是"行走方式"。工具和方法不同，相同的教材会有完全不同的结果。所谓"教教材"，就是照本宣科，依样画葫芦，具体表现就是"教教参""教教案"。一句话，就是教知识，重应试。如此这般，教师和学生就都成了"教材""教参""教案"的奴隶。"用教材教"首先应该转型为"用教材学"，要实现学生跟"教材"的"自由恋爱"，实现师生跟"教材"的共同对话；要在乎"我的发现""我的见解"，尤其是要生成"我的价值""我的意义"。一句话，就是学本领，重能力。没有"用教材学"，就不会有"用教材教"。

在新课程实施过程中有两个问题触目惊心：一是不讲标准，信经验，信感觉。我经常到学校进行这样的调研，"从推行新课程改革以来，系统读过《课程标准》的请举手"，举手者寥寥无几。再问"三维目标"的具体内容，时常会有老师答非所问。《课程标准》不离手，经常对照才会有。跟着感觉走，路子错了难回头。教育浮躁如是，发人深思。二是课程使用乱象丛生，版本混杂，更替频繁，朝"课"夕换，多有怨言。多版本课程体系的建立本来是鼓励多元、促进竞争、实现优化的一个课程政策，但是，如今课程领域却逐步背离公益，围绕课程及其教辅等衍生产品形成了庞大的利益集团，纷纷做课程公关抢生意，拿地盘。同一区域同时使用三个版本以上课程教材的并不鲜见。课改呼唤"用好教材学"，"用好教材教"。

9. 高中课改为什么总是雷声大雨点小，缺乏实质性进展？

高中因为处于基础教育的收官地位，很自然地就被推到了高考的"风口浪尖"。高考是所有高中学校必须要面对的生存抉择。高考压力越大，课改的热情就越小。问题在于，不课改照样可以升清华、北大。在高中，由于应试目标的压力，"赶进度"成为压倒一切的任务。"三年课程两年完，一年冲刺上前线。夹生饭，难嚼咽，教材总得先讲完。换办法，几人敢？时间汗水算奉献。"就课改而言，小学课改比初中要难，高中课改比小学更难，高中毕业班的课改更是难上加难。这些都是客观因素。课改呼唤高中的突破。不少学校都是凭借课改品牌的打造，走上集团办学的新路的。好在我们已经有了一批敢担当、能创新的高中课改名校，譬如山东的昌乐二中、河北的清河挥公实验中学、安徽的铜陵铜都双语学校等等。

有道是，"一个好校长就是一个好学校。"这话在课改学校尤其是一个明证。课改对校长的挑战是多元的，具体说来有"三力"的挑战最为突出。一是人格影响力。作为一个课改校长，必须有为中国教育担当点什么的大梦想和使命感；要有坚定的课改信仰；要有跳出分数看教育，跳出教育看教育的大背景、大境界、大胸怀、大格局；要有让梦想落地的"共识"凝聚能力；要有"为课改而生"的自豪感。二是专业影响力。课改与别的事情不同，不能仅仅是决断，还要亲力亲为。任何一个课改校长都要能像崔其升那样，谈课改如数家珍，娓娓道来。课改校长必须是一个课改专家，要敢于说，"课堂应该怎么改"，"请跟我来"。三是课改执行力。首先，要重视"顶层设计"，科学制订课改规划，精心选择课改策略，认真研究课改流程，仔细编制评价方案。其次，将落实进行到底。两个字——落实；三个字——抓落实；四个字——狠抓落实。想说的要说到，说到的要做到，做到的要见到。在课改过程中出现问题是正常的，不出问题才是不正常的，其关键是如何对待问题。遇到问题想办法，课改又过一重山；遇到问题退后面，山重水复回原点。

随着国家《关于深化考试招生制度改革的实施意见》的逐步实施，我们将迎来全国课改的又一个春天，我们殷切期盼一大批高中学校投身课改，让我们的高中学校因课改而充满生命活力。

10. "三级课程体系"改革自 1996 年便已拉开序幕，然而时至今日，许多学校校本课程的规划与实施仍然只是虚有其名，没有实质性进展，其背后的原因何在？又该如何解决？

2001 年颁布《国家基础教育课程改革纲要（试行）》，"三级课程体系"最终得以建立。十几年过去了，许多学校校本课程没有实质性进展，这的确是一个不争的事实。在我看来，尽管我们不反对学校开发校本课程，但比开发更重要的是，先把国家推行的新课程体系使用好。"碗里的"还没吃好，就到"碗外面"到处找，这就得不偿失了。校本课程开发有个不能忽视的项目，就是国家课程的校本化，这也是"用教材教"的应有之义。更紧迫的就是走进课改，实现课堂转型。实事求是地说，不是每一个学校都要开发校本课程，也不是每一个学校都能开发校本课程。校本课程开发一是基于需要，二是基于能力。校本课程属于"自选动作"，不能清一色地变成"规定动作"。具体到校本课程的开发，请大家注意两种倾向。一是课程的神秘化。一提课程就觉得那只是专家的事，我们"玩不了"。二是课程的泛化。"隐性显性，如影随形，时时处处全都课程。"许多专家都吵不明白的课程概念，让基层的老师莫衷一是。许多学校的新课程改革还处在初级阶段，而且，这个初级阶段会经历比较长的一个时期。这就是我国的国情、教情、校情。校本课程开发不能搞"大跃进"，不能一味"赶时髦"。如果说校本课程也需要一个前提条件的话，我觉得没有课堂转型，校本课程建议缓行。至于如何开发校本课程，请参照：http://blog.sina.com.cn/s/blog_664a23360102v3dt.html。

11. 怎样处理好高效课堂模式构建与"减负"的关系？

一言以蔽之，减负在课堂上的具体实现是通过减"题"来实现的。这里的"题"，一个是"问题"，一个是"练习题"。首先，导学案要转型。怎么转型呢？实现从知识本位向能力本位的转型。换言之，要实现从试题本位向问题本位的转型，也就是实现从知识本位向能力本位的转型。课堂的本质应该是"基于问题的解决"。我们不反对根据课堂需要把一些问题转换成练习题，但反对清一色的练习题。把泛滥的练习题回归到问题的时候，课堂自然会实现从做题向对问题具体研究的回归。这不是一句空话，请大家思考，为什么要实现从知识本位向能力本位转型？这既是素质教育的根本要求，也是高考和中考"指挥棒"的方向。一定要弄明白一个理：谁做题多谁考高分，靠"水多泡倒墙"已经不再奏效。什么叫作能力本位？所谓能力本位就是在课堂上真正以创新精神和实践能力为核心来培养学生。具体来说，能力本位要求实现课堂知识与生命、生活、社会、时代的联结，一句话，就是学以致用。请大家想一想，现在的高考和中考是这样考吗？课堂转型才是减负的有效实现形式。

再说几个具体的操作策略。一是限定导学案的长度。中学的导学案一节课多长为宜？16开的纸一正一反即可。二是不提倡将课本上的原题照搬到导学案上。好的导学案应该具有引导对教材文本更好地学的功能。

三是注重问题类型搭配合理。诸如呈现型问题、发现型问题、创新型问题要有所兼顾，具体操作请大家参见拙文《重建课堂的问题观》。四是要做到问题层次化和精选练习题。一定要记住我的劝告。两点：一叫作层次，二叫作精选。如果有三个问题，你一定要对它们进行层次评估：是由浅入深，还是平行排列？平行的排列不需要动脑筋，你只要一追问层次是什么，如果立马需要研究，研究含量就来了。由浅入深，由感性到理性，这是认识的规律。还有，啥叫作精选呢？精选是讲模型的。问题10选1，我教数学的时候，我就学习全国最著名的特级教师孙维刚老先生。这位老先生之所以成为特级教师，是因为讲究一个事儿：我要让学生做一道题，我必须自己做十道题，我不做十道题，绝对不让学生做一道题。有些老师觉得这个事儿太难，那咱退一步，问题3选1，确定将一个问题选入导学案之前，一定要仔细研究同类型三道题，如此坚持，导学案质量想低都不可能。想要正儿八经地干个活儿，一定要记住一个词叫作笨中求巧。3选1，有检查，有评估，我敢保证你的教学成绩立马平均提高五分不在话下，并不一定非要运用一些所谓巧妙的办法。五是要逐步地实现导学案的性质转型，从导学案改成导学卡，还有一定要经过科学研究确认哪些学科用导学案，哪些学科坚决不用导学案。知识性的学科提倡用导学案，技能性的学科，如音乐、体育、美术、计算机等，不提倡用导学案。还有一个，减轻学生负担最绝妙的一个招数，务必记清：一堂课了断一堂课。这堂课的内容千万不要太多地推到课前或课后，课堂上完成了咱就完成了，不提倡把太多的作业留到课下。民办学校最容易出现题海战术，最容易泛滥的就是练习超载。

12. 怎样保持学生持久的学习动力？

大家先认清一个事：学习动力源自学生会学和能够学会。这就要解决一个问题：要从学习方法的具体指导上来谈维持学习动力。一要帮助学生转变学习状态，改变学习愿望。二要在学生学不会的时候，充分利用小组合作,帮助学会。帮是确保学生会学的有效途径。

还有一个东西太重要,那就是成功体验,一定要让学生有学会的成功体验。时常有学会的成功体验是确保学习动力可持续的法宝。那么这个事你怎么来解决呢?一个很有效的操作策略就是扩大展示面,你一定得从一个小组一个人展示,逐步过渡到一个小组两个人展示、三个人展示。可以像杜郎口中学那样,每人一块小黑板,学会了清清楚楚,学不会明明白白。

动力的持续最重要的靠什么?靠机制。我得学啊,我必须得学,这节课等着我展示,我学不会,我拿什么来奉献给你,我亲爱的伙伴。展示就是闪光,不让展示就是泯灭生命的光亮。核心的一句话,让不学没有天日,让不学没有生存空间。一不学立马就停,一节课不学你没法过,不学习的没法在课堂上混日子。另外,评价要可持续,千万别做一锤子买卖的评价。这堂课的评价效果要延续到下节课,对个人的评价要随其发展步步加深,同时个人评价还要辐射到小组,乃至全班、全校。比如表扬小组组长时,要让全体组员一并接受表扬等。

13. 对学、群学、展示环节如何做到既让学生充分参与,又能避免精力流失?

要诀有三:其一,限时。所有的环节都要有具体的时间,这一点我建议学一下湖南益阳赫山实验学校的办法。他们坚持每一堂课,每一个环节都有倒计时。限时可以突破,但不能没有尺度,不能如老牛赶山,赶到哪里是哪里。限时是高效课堂的有效策略。其二,反馈。独学、对学完成后必须要有具体的反馈。谁完成了,谁没完成,要在小组做个了断,只是反馈一定要简洁,别太麻烦。评价变得繁琐便不可持续,因此一定要把评价整得简洁明了。其三,让展示机会均等。精力的流失往往源于展示机会的丧失。谁去展示?老师别推荐,组长别推荐,任谁说了都不算,那究竟谁说的算呢?天说了算。赫山实验学校的每个班里都有一个签筒,摇一摇,摇出谁来谁就到。这样就会出现这样一个效果:准备着,时刻准备着!

14. 学校要打造"培优型"高效课堂,该怎样努力?

让我们先对"培优"这个概念加以重建。培优的概念应该是这样的:尖子生更卓越,中等生更优秀,后进生有进步。"优"是一种期望,而不仅仅是某一部分人的特权。学习尖子怎么培养?招数有三:第一招叫作问题练习附加招。此类问题和练习加星号,建议哪些人必须做,哪些人尝试做,哪些人可不做。第二招,每一个班每一科都要组建一个科研小组,科研小组成员是相应学科最顶尖的学生。这节课上的重点、难点和疑点等,让科研小组凑在一起讨论攻关,然后,再由科研小组成员帮带各小组成员学会领悟。第三招为社团活动提高招。针对学生的不同兴趣,组建不同的社团组织,实现兴趣小组社团化、社团活动课程化、课程实施常态化。

15. 导学案提质应朝哪些方面努力?

我的原则很简单,两句话:横抓三要素,纵抓五环节。哪三要素呢?何时、何事、何法。什么时间解决哪些问题,更重要的是提出问题的同时要明了怎么做。导学案的硬伤是学法指导缺位。现在大家的通病是用要求替代方法,用流程替代方法,用建议替代方法,而方法栏目当中缺少具体的方法。课堂最缺的是从学的角度指导学生学的方法。让老师无奈的是学法。纵抓五环节,五环节我给大家说得很清楚:标一程,学一程,展一程,点一程,练一程。狠狠地抓一程,切不可把"一程"解构成"多程"。导学案的提质还请注意三个方面,第一叫作学科化,就是要体现各个学科的魅力和特色;第二叫作课型化,课型不同,导学案就应该有差异;第三叫作信息化,我建议把信息化放在前边,要尽可能多地用信息化的手段来呈现它,补充它,丰富它,提升它,拓展它。

16. 高效课堂发展到什么程度能取消导学案?

当课堂已经成功实现转型,离了导学案课堂依然能够很流畅地遵循

"预习—展示—反馈"的流程运行。时间大概是多长呢？一学期推行导学案，两学期提倡导学案，一年之后就可以扔掉导学案。这只是一个通行的、常规性的建议，不必刻板地照搬。其实，如果想把它用好，它就永远具有价值；反之，就永远感觉它是累赘。

17. 课堂即时评价耽误时间，又影响课堂流畅性，怎样解决这个问题？

有价值不叫耽误时间，没有价值或者价值太小才叫耽误时间。我们对课堂评价要进行价值判断。从即时评价向延迟评价过渡是一个自然的过程。一开始的时候可能用得多的是即时评价，但是逐步的，大家一定要学会让评价学会等待，让精彩集中展开。原则上关键点、创新点、生成点要即时评价，一般的常规性的评价可以往后延迟点。关键点指的是过了这个村就没这个店，离开了这个情境再说话就没用的情形。这样的即时评价是有价值的，总体来说，我们要实现一种过渡，让评价从具体的点点评、分分评，过渡到不给分照样好好学。教育的使命是唤醒学生生命的自觉，使其不为分数依然全身心投入地学。指望纯功利的东西去诱发学生的积极性，那样的教育未免太过浮躁。基于学生的年龄阶段，开始的时候可以有这样一个过程，但是迟早要有后面的东西。我曾经说过：当评价打断课堂的思路时，评价已经成了罪过。

还要注意一个特点，评价的顺承性。所有的评价都要有一个顺承的引领，不仅仅是为评价而评价。评价要逐步地从具体走向模糊，但是模糊的时候一定要有个具体的结果。一节课结束了，哪两个小组学习最认真，展示最积极，成果最精彩，一定得评出来。没有区分度，评价无力度。当评价没有区分的时候，评价的力度就打折了。

18. 怎样形成班级合作小组的凝聚力和向心力？

教师要把小组牢牢记在心中。活动针对小组，评价面向小组，奖励突出小组。小组是很容易被遗忘的，当个别可以替代小组的时候，小组便被解构了。怎样不让个别替代小组呢？还是我说过的一句话，要从在乎"我"到更在乎"我们"。小组展示内容一定是经过小组讨论得到的结论，而不能是个人的见解。"我们"在先，个体在后。如果这个结论是小组的，不管让谁去展示都能展示这个成果。小组展示要体现团队的"共识"。注意一点，强调"我们"的时候不要抹杀掉学生的个性。还有，小组之间的竞争无处不在，团队精神实实在在。如果课堂活动不是基于组与组之间的竞争、比拼、较劲而开展，那么小组的存在无意义。小组合作学习有一个定律：$1>6$。有六个学科都用小组合作学习，突然有一个学科不用了，其五个学科的小组合作学习都会因为这个学科不用而形成一个消极的氛围和背景。更重要的是，教师要想组织运用好小组合作就千万别去想排斥、摆脱它。思路不一样，结果不一样。"假合作"罪不在生而在师！

第十三章
小小工具送给你

　　高效课堂项目实施需要大量的操作工具。工具的研发是思想与方法的统整,是操作的具体落实。诸如,高效课堂究竟要评价什么,怎样评价,这都需要评价工具的具体体现。最后,把自己近年来编制的几个常用的评价工具附上,愿于你有所帮助。

1. 新课堂文化评价量表

学校：_____ 组级：_____

A级指标	赋值	B级指标	赋值	标准	得分			
A1 文化 内涵	20	体现以人为本，彰显生命活力，尊重学生主体，弘扬自强不息精神	4	B级指标分优、良、中、差四等，依次取4、3、2、1计分	4	3	2	1
		贯彻课改理念，凸显"自主—合作—探究"的核心内涵	4		4	3	2	1
		课堂文化与学校文化一以贯之，课堂文化与小组文化相互关联	4		4	3	2	1
		课堂文化主题突出，要素齐全（诸如班训、口号、班徽、班旗、班歌、班规等）	4		4	3	2	1
		小组文化主题突出，要素齐全（诸如组训、口号、组徽、组旗、组歌、组规等）	4		4	3	2	1
A2 文化 呈现	20	形成了课堂文化、小组文化概念系统及其解读文本	4		4	3	2	1
		教室墙壁、顶梁、黑板等处张贴能体现课堂文化内涵的口号、对联、警句等	4		4	3	2	1
		小组有组内文化展示牌	4		4	3	2	1
		每学期举办一次班级文化巡展、小组文化巡展等活动，让静态文化活起来	4		4	3	2	1
		文化呈现追求正向、凝练、精要、留白，注重形式美感	4		4	3	2	1

（续表）

A级指标	赋值	B级指标	赋值	标准	得分			
A3 文化内化	20	课堂文化创生过程坚持从学生中来，到学生中去，忌讳强加概念，流于形式	4		4	3	2	1
		班级成员熟知课堂文化概念要素，并能联系实际进行文化宣讲	4		4	3	2	1
		小组成员熟知小组文化概念要素，并能现身说法如何在课堂小组活动中通过具体行为加以落实	4		4	3	2	1
		积极开展课堂文化、小组文化体验式培训等活动，促进课堂文化、小组文化的内化	4		4	3	2	1
		鼓励学生运用三字经、顺口溜、结构图表、文化树、思维导图等形式创编课堂文化、小组文化记忆歌诀或图示	4		4	3	2	1
A4 行为模式	20	让自主成为习惯：课堂学习或生活坚持做到自动、自发、自觉、自省，全力以赴，积极投入，逐步养成独立思考的品质和自主学习的能力	4		4	3	2	1
		让合作成为习惯：具有良好的合作意识、团队精神、合作能力和合作人格	4		4	3	2	1
		让探究成为习惯：自主探究有兴趣，合作探究齐努力，养成遇事主动动脑想、大胆动手做的探究学习习惯	4		4	3	2	1
		让快乐成为习惯：充分享受课堂学习过程中探究发现的快乐、展示分享的快乐、创新生成的快乐	4		4	3	2	1
		让高效成为习惯：向目标要效率，向流程要效率，向学法要效率，向评价要效率	4		4	3	2	1
总　分								

（续表）

A级指标	赋值	B级指标	赋值	标准	得分			
A5 个性特点	20	课堂文化、小组文化概念内涵具有独特的教育价值和个性的表述特点	4		4	3	2	1
		课堂文化呈现形式丰富多彩，富有独特的创意	4		4	3	2	1
		课堂文化适合学校、学段、班级、小组的特点与需要	4		4	3	2	1
		有条件的要逐步形成课堂、小组文化的视觉识别系统	4		4	3	2	1
		强化课堂文化形成过程中的评价与引领提升，创建一批课堂文化、小组文化品牌	4		4	3	2	1

2. 新课堂"五要素"星级评价量表（试行）

班级：_____ 学科：_____ 执教：_____

A级指标	赋值	B级指标	赋值	标准	得分			
A1 自主	20	具有民主、开放的课堂学习生态	4		4	3	2	1
		学生自主支配的学习时间不少于2/3	4		4	3	2	1
		学程集中，课堂实施大问题、大板块推进	4		4	3	2	1
		有较强的方法意识和自主学习能力	4		4	3	2	1
		导学实现目标、流程、方法、时间"四到位"	4		4	3	2	1
A2 合作	20	具有较强的团队意识，合作学习机制健全	4	B级指标分优、良、中、差四等，依次取4、3、2、1计分	4	3	2	1
		独学、对学、群学时间占比适当（4：2：4）	4		4	3	2	1
		小组合作学习有"共识"性成果	4		4	3	2	1
		"官教兵""兵教兵"，有分享，有帮扶	4		4	3	2	1
		团队评价项目明确、具体	4		4	3	2	1
A3 探究	20	自主探究兴趣浓厚，大胆提出自己的问题	4		4	3	2	1
		合作探究组织有序，做到全员参与	4		4	3	2	1
		探究成果展示充分，并能作清晰的说明	4		4	3	2	1
		具有较强的质疑能力，勇于发表自己的见解	4		4	3	2	1
		探究过程中，生生、师生之间有互动，并有规律、方法、结构等的生成	4		4	3	2	1

(续表)

A级指标	赋值	B级指标	赋值	标准	得分			
A4 快乐	20	主动投入,体验自主发现的快乐	4		4	3	2	1
		学会合作,尝试团队协作学习的快乐	4		4	3	2	1
		积极参与,享受展示成功的快乐	4		4	3	2	1
		评价激励,分享赏识的快乐	4		4	3	2	1
		学习与展示方法灵活多样,成就生命狂欢的快乐	4		4	3	2	1
A5 效率	20	学习目标具体,并能贯穿始终	4		4	3	2	1
		环节限时恰当,并能及时反馈	4		4	3	2	1
		精选课堂问题和练习题	4		4	3	2	1
		分层设计或归纳问题与练习题,满足不同层次的学习要求	4		4	3	2	1
		作业当堂完成,且目标达成率不低于85%,并能当堂反馈	4		4	3	2	1
总 分								
星级(以分换星。1—20为一星;21—40为二星;41—60为三星;61—80为四星;81—100为五星)				☆	☆	☆	☆	☆

说明:

1. 本表为新课堂要素星级评价表,不要将要素误当作操作流程。

2. 以等取分、以分换星是本表的一个特点。不设计繁琐的扣减分标准,便于主客观得分平衡。

3. 本表适用于课改初期课改核心理念的行为内化、固化,也适用于对一般课堂的转型性鉴定。

3. 新课堂"五指数"评价量表

班级：_____ 学科：_____ 执教：_____

A级指标	赋值	B级指标	赋值	标准	得分			
A1 学生 参与 指数	20	问题设计有层次，能兼顾学生差异	4	B级指标分优、良、中、差四等，依次取4、3、2、1计分	4	3	2	1
		独学有反馈，对学有落实，群学讲效率	4		4	3	2	1
		课堂展示机会均等，譬如随机抽样、轮流展示等	4		4	3	2	1
		小组合作学习能形成"我们"的"共识"	4		4	3	2	1
		实施课堂"团队"评价，不用"个体"替代"团队"	4		4	3	2	1
A2 合作	20	学习目标兼顾"三维"，并做到恰当、具体、可测	4		4	3	2	1
		自主学习坚持系统学、学系统，一气呵成，不分解学程，不以教代学	4		4	3	2	1
		课堂展示大集中，一展到底。任务分配有序，学习内容全覆盖，脱稿展示有互动，展示形式灵活多样	4		4	3	2	1
		点拨升华充分利用课堂展示资源，进行资源比较、系统、规范、点拨、升华	4		4	3	2	1
		课堂作业设计兼顾差异，限时当堂完成，当堂反馈	4		4	3	2	1
A3 黑板 利用 指数	20	提倡人人有展位，每小组至少要有一个展位	4		4	3	2	1
		充分利用教室内已有的展位，空置一个展位扣1分	4		4	3	2	1
		每个展位版面利用应不少于三分之二，避免出现独白展示	4		4	3	2	1
		板演字迹要工整，字体宜用楷体，注意版面审美	4		4	3	2	1
		提高板演速度，讲究板演效率	4		4	3	2	1

（续表）

A级指标	赋值	B级指标	赋值	标准	得分		
A4 动态生态指数	20	及时捕捉、定位课堂学习资源的生成点，并尝试定向追问	4	4	3	2	1
		横向生成见多元	4	4	3	2	1
		纵向生成出深刻	4	4	3	2	1
		坚持做到一明规律，二知方法，三清结构	4	4	3	2	1
		注重情感态度与价值观的生成	4	4	3	2	1
A5 目标达成指数	20	知识目标有回应有落实	4	4	3	2	1
		能力目标有训练有提升	4	4	3	2	1
		情感目标在掌握知识、培养能力过程中潜移默化自然达成，避免孤立地机械说教	4	4	3	2	1
		达标作业，小组反馈到个人，班级反馈到小组	4	4	3	2	1
		注重拓展创新，沟通课内知识与生活、社会、时代的联系	4	4	3	2	1
总　分							

说明：

1. 本表为新课堂实施过程中常用的关键项目指数评价表，可以集中使用，也可以化整为零分解为单项使用，譬如"学生参与指数"评价周（月）、"流程落实指数"评价周（月）、"黑板利用指数"评价周（月）、"动态生成指数"评价周（月）、"目标达成指数"评价周（月）。

2. 量表所选的五个项目是新课堂有效推进和课堂品质提升的关键所在。学校也可按照"要什么""评什么"的原则，自己选取项目进行量化评价。

4. "课改痛苦指数"自测量表

A级指标		赋值	B级指标	赋值	单选（每大项五小项选一画√）	得分	备注
A1 理念	该不该改	±2	非常应该	2			
			应该	1			
			无所谓	0			
			不应该	−1			
			非常不应该	−2			
A2 态度	愿不愿改	±2	非常愿意	2			
			愿意	1			
			无所谓	0			
			不愿意	−1			
			非常不愿意	−2			
A3 能力	能不能改	±2	能在改革中不断创新	2			
			能在改革中适应改革	1			
			被动应付	0			
			不能适应改革	−1			
			只能够照本宣科地讲授	−2			
A4 方法	会不会改	±2	有课改策略、方法	2			
			在改革中逐步积累方法	1			
			真不知道有什么课改对策	0			
			教有方法，学无方法	−1			
			讲授无罪，决不放弃	−2			
A5 执行力	持不持续	±2	愿让课改伴我成长	2			
			要求改咱就改	1			
			应付一阵看看	0			
			遇到问题咱就退	−1			
			我的实践证明课改不靠谱	−2			
得分合计							

使用说明：

课改是一种美丽的痛。走进课改难免会让有些教师感到焦虑、纠结和痛苦。本量表试图从理念、态度、能力、方法、执行力五个方面帮教师查找课改痛苦的根源。痛苦指数自测的目的不是一个定性的结果，而是希望教师能在明确归因的基础上，有针对性地尝试改进，从而战胜痛苦，享受课改的快乐和幸福。

既然是自测，所有项目一定要据实填写，至于数据结果自己心里有底就是，不必公开。

痛苦源于负值的累加。所得负数的绝对值与课改痛苦指数成正比。

如果通过痛苦指数自测，能够制定一个改进方案，相信教师会很快走出课改的"苦海"，奔向职业幸福的前程。

5. 高效课堂评价标准

指标	权重	指标要求	优秀	良好	合格	一般
学习目标	10	知识与能力目标准确具体适度，符合课程标准要求和学生实际	4	3	2	1
		情感态度价值观目标与教学内容联系密切	4	3	2	1
		学习目标贯穿始终	2	1.5	1	0.5
自主学习	30	学习指导具体，方法科学有效	7	6	4	3
		导学练习设计精练，有梯度	7	6	4	3
		小组合作学习机制健全，伙伴互助有效	8	6	5	3
		注意培养探究能力，勤学好问，及时发现问题，提出问题	8	6	5	3
展示交流	20	展示形式多样，参与面广，效率高	10	8	6	4
		课堂资源意识强，动态生成，体验成功	10	8	6	4
点拨升华	20	善于捕捉动态学习资源，营造"愤悱"情境，点拨简洁、透彻、明了	10	8	6	4
		教师示范能力强，有良好的专业素养	10	8	6	4
达标反馈	20	创新达标作业设计，精编、精选作业题；当堂完成作业	8	6	4	3
		利用口头、书面、实践操作等多种形式检测课堂达标情况	8	6	4	3
		反馈贯穿始终；及时反馈矫正，做到"堂堂清"	4	3	2	1
总分						

6. 高效课堂说课评价标准

指标	权重	评价标准		指标达成度			
		指标要求		优秀	良好	合格	一般
教材	20	教材的地位和作用；教材前后联系		4	3	2	1
		教学目标恰当、具体、可测，符合三维目标要求和学生实际		5	4	3	2
		教学重点、难点确定准确		5	4	3	2
		教学目标、重点、难点确定的依据恰当		6	5	4	3
教法学法	26	落实"以学定教"，教法选择恰当，富有启发性		8	7	6—5	4
		学法指导恰当，有利于培养学生的自学能力		8	7	6—5	4
		所选择的教法和学法指导的依据得当		10—9	8—7	6	5—3
教学程序	28	容量适当；结构合理；层次清楚；衔接紧凑；体现"自主、合作、探究"和"以学定教"的原则		6	5	4	3
		重点、难点化解方法科学		8	7	6—5	4
		板书、图示、实验设计合理		6	5	4	3
		说明各环节安排的特点		8	7	6—5	4
教师基本素养	16	提倡脱稿、讲普通话，语言流畅、准确、精练		6	5	4	3
		教态自然大方，感染力强		6	5	4	3
		演示操作熟练；板书图示工整规范		4	3	2	1
答辩	10	回答评委提出的问题观点正确、理由充分、学科知识系统建构完善		10—9	8—7	6	5—3

7. 高效课堂评课标准

评课标准			指标达成度			
指标	权重	指标要求	优秀	良好	合格	一般
教材	20	教材地位、作用、联系分析恰当	6	5	3	2
		教学目标符合《课程标准》要求和学生实际	7	6	4	3
		教学重点、难点准确	7	5	4	3
教法学法	20	教法选择恰当，富有启发性	10	8	6	4
		学法指导恰当，有利于培养学生的主体意识	10	8	6	4
教学程序	30	容量适当，结构合理，层次清楚，衔接紧凑，体现"先学后教"的要求	10	8	6	4
		重点、难点突破策略恰当	10	8	6	4
		板书、图示、实验设计合理	10	8	6	4
教师基本素养	20	普通话准确，语言流畅、准确、精练	7	5	3	1
		教态自然大方，感染力强	6	5	4	3
		演示操作熟练，板书图示工整规范	7	5	3	1
问题建议	10	存在的问题把握准确，分析有据	5	3	2	1
		提出建议针对性强，措施设计合理	5	3	2	1
总分						

8. 高效课堂问题研究进程表

问题	责任人	具体描述	期望目标	研究方法	具体措施	月度成效	评估人

9. 小课题研究登记卡

课题名称			负责人	
开题时间		结题时间		

研究方案（主要写问题分析、预期成效、研究方法、步骤与措施等）

教研组（或级部）意见

学校意见

10. 高效课堂区域推进评估标准

项目（赋值）		具体内容	评估方法	得分	备注
管理系统 15分	区域政策支持 4分	区域推进有文件，有政策，有制度，有措施，有典型，有落实	现场考察、调研、听课、座谈,只参考总结和计划,原则上不查看档案材料		
	区域业务指导 4分	业务指导有挂靠，能深入，有跟进，有成效			
	学校执行力度 4分	学校领导重视，班子会有研究，执行有力度，过程扎实，阶段推进有成效			
	校长听课指导 3分	校长听课每周5节以上，并能及时评点			
教学系统 60分	课堂文化 5分	有适应课改的课堂激励文化，并内化为课堂行为习惯			
	多媒体、黑板配备与利用 5分	多媒体、黑板配备到位，课堂利用充分			
	导学案设计 10分	目标具体，导学有效，关注差异，体现问题立意，力戒"试题化"倾向，流程科学有操作性			
	五步三查落实 30分	预习：独学、对学、群学有机制，有成效，有反馈 展示：小展示、大展示相结合，形式恰当多样，有互动，有生成 反馈：及时、有针对性，并能当堂达标			
	小组合作机制与成效 5分	小组合作机制健全，运行有序，评价落实			
	活力与效率 5分	课堂实现了生命活力与课堂效率的统一			

（续表）

项目（赋值）		具体内容	评估方法	得分	备注
评价系统 15分	区域课改评价 4分	区域有专门针对课改的评价项目，并发挥有效调控作用	现场考察、调研、听课、座谈，只参考总结和计划，原则上不查看档案材料		
	学校课改评价 4分	学校制定并落实了级部、教研组、班级的课改评价方案，评价结果纳入学校评价			
	教师课改评价 4分	有针对教师课改的专项评价指标，并与教师考评挂钩			
	以学评教落实 3分	课堂评价能体现"以学定教"，并落实"以学评教"			
研究特色 10分	课改研讨活动 3分	学校定期举行课改研讨活动，有主题，有成效			
	教师反思能力 3分	教师逐步形成了读书反思改革的意识、习惯和能力，能积极探索解决课改中的问题			
	学校个性特色 2分	学校注重结合自己的实际情况，体现课改的个性特色			
	媒体宣传 2分	有媒体宣传推广，有较高的社会认同度和美誉度			

11. 书香校园评价标准

项目	分值	具体内容	评价方法
营造书香校园	30分	实施方案与评价。有项目年度实施方案与评价方案（2分）；项目责任人职责明确，评价落实到教师、班级、学生（2分）。	座谈了解、查阅资料
		读书活动与读书节成绩。学校积极开展系列读书活动（3分）；读书节展示成绩（3分）。	座谈了解、查阅资料，读书节成绩折算得分
		经典诵读。每周一诗达标率98％以上（6分）。	现场抽签测试折算
		报刊阅读。每月坚持读一种报纸或者刊物，养成写读书笔记的习惯（5分）。	现场抽签考察折算
		每季一书。每个季度至少要读一本图书（5分）。	现场抽签考察折算
		星级评价。认真落实学分制星级评价制度，建立学生《阅读星级评价档案卡》（2分）；过程管理效果好（2分）。	现场考察、查阅资料

12. "五星级"教师评价标准

项目 A级指标	赋值	B级指标	赋值	标准	评价方法	得分				
职业道德	20分	热爱职业	5分	敬业奉献，为人师表，爱国守法，遵守《中小学教师职业道德规范》，遵循教育教学规律。	领导评议 民主评议 问卷答辩	5	4	3	2	1
		热爱学生	5分	关心爱护全体学生，尊重学生人格，教书育人，不加重学生的课业负担，让学生享受教育教学的快乐与幸福。		5	4	3	2	1
		热爱专业	5分	具有强烈的学科专业热情与专业自信，洞悉学科教学规律，掌握学科教学前沿信息。		5	4	3	2	1
		热爱改革	5分	自觉更新教育观念，热心教育教学改革，大胆探索课改新路，具有攻坚破难的精神与能力。		5	4	3	2	1
专业素养	20分	学历达标	5分	学历达到国家规定要求，并能专业对口。年龄45岁以下的教师，积极参加提高学历进修。	硬件核查	5	4	3	2	1
		基本功	5分	普通话达标，并坚持在课堂上使用，语文教师应具有良好的朗诵技能和表达素养；"三字"规范、工整、俊秀；具有良好的板图技能。	技能考核 问卷答辩	5	4	3	2	1
		知识结构	5分	熟练掌握学科课程标准，具有完善的学段学科知识结构和良好的专业理论素养，具有校本课程开发、实施与评价能力。	笔试考查 问卷答辩	5	4	3	2	1
		教学质量	5分	树立新的教育教学质量观，建立并实施教育教学多元评价，教学质量高。	数据比对 量化考核	5	4	3	2	1

（续表）

项目				标准	评价方法	得分				
A级指标	赋值	B级指标	赋值							
课堂改革	20分	课前准备	5分	积极参加集体备课，导学案做到目标导学、流程导学、方法导学、时间导学，并杜绝"试题化"倾向。	民主评议 资料核查	5	4	3	2	1
		课堂流程	5分	充分体现"以学定教""学展点练"有机统一，小组合作行之有效。	问卷考查 课堂实评	5	4	3	2	1
		课堂生成	5分	具有敏感的课堂资源意识，引领学生生成规律、方法与结构；重视语文生成性阅读，强调语感、情景、理解、个性、创新等的生成；能在课堂生成中体现学科魅力与特点。	问卷考查 课堂实评	5	4	3	2	1
		课堂效率	5分	预习充分，小组反馈及时有效；白板、黑板统筹兼顾，版面利用充分，学生展示参与率高；课堂作业当堂完成。	问卷考查 课堂实评	5	4	3	2	1
学生管理	20分	民主氛围	5分	自觉创设民主管理氛围，尊重学生的人格，面向全体学生，公平、公正地对待每一个学生。	问卷考查 学生评议	5	4	3	2	1
		班主任	5分	热心班主任工作，带领学生建设富有个性的班级文化，搭建良好的学生自主管理制度平台，具有班级活动课程开发、实施与评价能力，班级管理讲规律、讲规范、讲艺术，积极争创先进班集体。	问卷考查 学生评议	5	4	3	2	1
		课堂调控	5分	具有动态调控课堂教学活动的能力，突发事件能科学有效地化解，实现课堂放收自如、活而有序，促成生命活力与课堂效率的有机统一。	问卷考查 学生评议	5	4	3	2	1
		后进生	5分	关注后进生的成长，做到：组织有归属，学习有帮扶，展示有机会，成长有进步。	问卷考查 学生评议	5	4	3	2	1

（续表）

项目				标准	评价方法	得分				
A级指标	赋值	B级指标	赋值							
教学研究	20分	问题研究	5分	善于把教育教学中的问题变成"课题"，利用科学的方法进行研究，寻求解决方法与路径，并内化为工作的习惯。	问卷答辩	5	4	3	2	1
		专业阅读	5分	坚持每周诵读一则教育名言，每月读一期教育报刊，每季度读一本教育理论或者学科教学著作，并养成写读书笔记的习惯（不做硬性的字数要求）。	问卷答辩	5	4	3	2	1
		博客随笔	5分	养成反思教育教学的习惯，创建教育博客（微博也可），每周至少写一篇具有原创价值的教育随笔（一句话、几百字均可）。	据实考查	5	4	3	2	1
		研究成果	5分	积极承担区市省全国级别的课题研究，并按时通过验收；有县区级以上级别的教育教学文章发表；取得区级以上教育教学评优奖项及科研成果。	硬件核查	5	4	3	2	1

使用说明：

1. 五个A级指标独立评价，依据得分判断星值。单项评估成绩≥16分，即可获得该星，可同时获得多个星。按星数分为5个星级，五星级教师为最高星级。

2. 星级教师评价每年进行一次，一般在12月份进行。评价遵循个人申报、学校初评、区级终评的流程依次进行。

13. 初中语文导学案模板应用示范

课题	孤独之旅	课型	预习展示课	班级	神木五中初三（1）班
执教单位	山东省淄博市临淄区皇城一中		姓 名	葛小丽	时间	2012.07.11
课堂流程	环节	具体内容		学法指导	课堂实录与反思
一、学习目标 2分钟	1. 目标先明确 2分钟	知识目标：1. 巩固并构建小说文体知识，积累优美的词语和语句。2. 关注"鸭群""芦苇""暴风雨"等典型描写，了解作品独特的艺术手法。 　　技能目标：1. 能根据阅读信息，学会建构文章结构示意图。2. 初步学会通过品味细节和语言，品评和鉴赏小说。3. 体味并运用作品中诗意的语言。 　　情感目标：理解主人公在孤独中长大并学会坚强的历程，从中找到成长的启迪。		明确目标，圈出关键词；	以16岁感受导入，指向本文文体和出处。先"温故知新"梳理小说知识，猜读文章内容，之后明确学习目标。环节调整使目标认定顺畅自然，水到渠成。
二、自主学习 30分钟(独学20分钟，对学5分钟，群学5分钟)	2. 温故能知新 3分钟	1. 回顾梳理小说三要素知识，完成知识树。 （知识树图：小说——故事情节、环境、人物）		小组合作热身，边讨论边完成巩固性任务；代表展示。	1. "环境"是学生理解的难点，教师以听课现场自然环境与活动背景为例进行点拨，帮助理解。

（续表）

课题	孤独之旅	课型	预习展示课	班级	神木五中初三（1）班
执教单位	山东省淄博市临淄区皇城一中		姓名	葛小丽	时间	2012.07.11
课堂流程	环节	具体内容		学法指导	课堂实录与反思
	2. 温故能知新 3分钟	2. 结合《草房子》原著提示，猜读文章内容： A. 少男少女毫无瑕疵的纯情。 B. 不幸少年与命运相拼的悲怆与优雅。 C. 垂暮老人在最后一瞬间所闪耀的人格光彩。 D. 残疾男孩儿对尊严的执着与坚守。		进一步明确小组合作与展示方式。	2. 各组合作完成知识树，派代表进行展示示范，教师及时对小组做出评价，确立了小组"合作—展示—评价"流程。各组参与热情即刻点燃。
二、自主学习 30分钟（独学20分钟，对学5分钟，群学5分钟）	3. 预习全方位 17分钟	◆认真阅读课文，结合"预习指导"进行自主预习： 1. 标注各自然段序号。 2. 细读全文，了解文章主要内容和特点：用○圈注你想要积累的词语（特别要突出成语积累），用﹏﹏画出你喜欢的语句和段落，在自己认为有价值、有启发、有规律性的词句处做适当标记和简要批注。 3. 跳读全文，理顺情节，根据以下提示或自己的发现画出全文的结构示意简图。 词语确定：可以以时间推进、地点转换、心理变化、人物成长、主题深化等为线索。 形式选择：框架式、表格式、箭头式、图画式、知识树。 相信，你一定有独特的发现和突出的创造力，请把你的"结构图"画到下面：		深入字里行间，领悟语言的意蕴，养成一边读书一边圈点批注的读书习惯。	喜欢角度各不相同，积累丰富多彩。学生实例：黄昏，船舱里的小泥炉，飘起第一缕炊烟，它是这里的唯一的炊烟。炊烟是家的象征，"第一缕"和"唯一"表现出这里人烟稀少，荒凉遥远，反衬父子孤独感。 根据观察，结构示意图貌似难点，教师顺势板书示范（下页图），学生受启发产生大量创意：①恐惧孤独—面对孤独—战胜孤独。

(续表)

课题	孤独之旅	课型	预习展示课	班级	神木五中初三（1）班
执教单位	山东省淄博市临淄区皇城一中			姓名	葛小丽	时间	2012.07.11
课堂流程	环节	具体内容	学法指导	课堂实录与反思

课堂流程	环节	具体内容	学法指导	课堂实录与反思
二、自主学习 30分钟（独学20分钟，对学5分钟，群学5分钟）	3. 预习全方位 17分钟	成长之旅：沮丧→恐慌→孤独→坚强 4. 选读课文，针对重点细节和你感兴趣的内容，读出观点和发现，或读出问题和质疑，列出关键词，梳理材料、思路和语言，做好表述准备。 根据第_____自然段，我的发现（或问题）是：_____	善于思考发现，总结规律，形成阅读个性。	②油麻地 ↓ 芦苇荡 ↓ 芦苇深处 ↓ 暴风雨
	4. 交流面对面 4分钟	◆伙伴互助交流： 1. 交流预习记录，用红色笔圈点订正，补充完善。互通有无，取长补短。 2. 把你最喜欢的语句或段落有情有味地读给伙伴听，并说明你喜欢的原因。 温馨提示：语句鉴赏关键词——词语、手法、内容、作用、读者感受。 3. 共同思考：喜欢小说现在的题目"孤独之旅"吗？为什么？如果你是这部作品的作者，你会给它取什么名？	明确语言鉴赏的角度和方法。关注题目，着眼整体，把握文眼。	互相补充很到位，交流也具体，词句积累赏析基本达成目标。 精彩题目：成长之旅；鸭？蛋！；从大红门到芦苇荡；前行的少年；孤独走向坚强。

（续表）

课题	孤独之旅	课型	预习展示课	班级	神木五中初三（1）班
执教单位	山东省淄博市临淄区皇城一中		姓名	葛小丽	时间 2012.07.11
课堂流程	环节	具体内容		学法指导	课堂实录与反思
二、自主学习 30分钟（独学20分钟，对学5分钟，群学5分钟）	5. 成果发布会 6分钟	◆小组合作学习： 1. 展示文章结构示意图，各自讲述设计依据，整合出最优设计。 2. 各组阐述所拟课文标题和理由，确定最佳标题。 3. 观点我来谈，问题你来答。全体发言，谈发现要有理有据；提问要恰当而具启发性，组内交流解决。各组提交有价值感兴趣但独立解决不了的话题。 4. 人员合理分工，选择展示内容，设计展示形式，进行展示准备。 展示内容：词语—语句—结构图—拟题目—问题或发现（任选突出的2～3种）。 5. 组长根据组员表现，结合大家意见，完成自学评价表并反馈。		建立合理高效的合作交流模式，充分关注人员分工及发言质量。	指导小组明确分工：主持、记录、评价、发言、指导各尽其责并适时调整；确定发言流程，保证了交流的有效性。 小组成员都自信地展示了预习内容，所有同学参与讨论并整合出小组最佳方案。气氛热烈，效果佳。
三、展示交流 33分钟	6. 大舞台板演5分钟，讲解10分钟	1. 板演展示：各组自选角度，自创形式，选派代表板演。（2人，关注书写） 2. 讲解互动：各组对板演内容进一步解释，或讲解，或提问，或引领大家学习。其他同学要根据自己理解适时提问、补充、质疑。（各小组1～2人讲解，其他组员分散到其他5个小组倾听记录） 3. 语言展示：精心设计的朗读、小演讲，及独到发现或者其他创造性的语言展示。		脱稿展示，尊重原始阅读体验，学会倾听，互动中完善提升。	建立了开放的展示模式，学生自由组合，自选内容，进行各类展示。教室内有讲解，有提问，有朗读，有评价，实现了生命的狂欢。

（续表）

课题	孤独之旅	课型	预习展示课	班级	神木五中初三（1）班
执教单位	山东省淄博市临淄区皇城一中		姓 名	葛小丽	时间	2012.07.11

课堂流程	环节	具体内容	学法指导	课堂实录与反思
三、展示交流 33分钟	7. 问题袋袋裤 3分钟	自主学习、展示交流之后，各组还有什么不明白或希望了解的内容？再次浏览课文，把它整理出来，提交到问题袋袋裤，我们共同解决。	发现的眼光去阅读，问题的角度去思考。	学生所提问题深度、广度俱佳，精彩生成：1. 解读孤独：杜小康孤独吗？2. 人物刻画：小康的四句话，心理的刻画与描摹。3. 关注客体：鸭群和父亲的作用？4. 语言特点：为何叙述少描写多？5. 感悟细节：芦苇、月亮、炊烟、暴风雨、血滴的描写与隐喻。
	8. 辩论出真知 10分钟	◆辩论：杜小康孤独吗？自选观点，展开辩论。 1. 观点：孤独——不孤独——孤独中的不孤独——孤独走向不孤独。 2. 辩论：深入文章字里行间，有理有据；设身处地体验感受，有情有境。 3. 记住这句话： 有些孤独，其实是我们成长过程中一些无法回避的元素。我们要成长，就不得不与这些孤独结伴而行。	语句藏信息，细读有见解，善读善思去发现。	生1：孤独，远离亲朋，芦苇茫无边际，前程茫茫，对话干巴巴。 生2：杜小康在孤独中成长并享受孤独、战胜孤独，因此不孤独。 教师根据生成，插入原著中干巴巴的对话和父子解除孤独的片段描写进行点拨。

(续表)

课题	孤独之旅	课型	预习展示课	班级	神木五中初三（1）班
执教单位	山东省淄博市临淄区皇城一中		姓名	葛小丽	时间	2012.07.11
课堂流程	环节	具体内容		学法指导	课堂实录与反思
三、展示交流 33分钟	9.创编品语言 10分钟	◆改编：选取喜欢的一句描写，改编成一则小诗。 1. 推荐角度：芦苇、月亮、炊烟、暴风雨、鸭群、哲理句、人物语言。 2. 范例：《萤火虫》 有时 它们几十只几百只地 聚集　在一起 居然 能把水面照亮 能看见　一只水鸟 正浮在水面上 你的小诗：＿＿＿＿ 3. 作品交流：自荐自展抒情小诗。 4. 微型讲座：小说的诗性是小说中华丽的羽毛，是小说思想飞翔的气息……它是水性的小说，是无形的，流淌的……它的语言是简，是轻，是净，是柔。	典型场景； 传神细节； 生动心理。 创意设计； 创意表达； 创意展示。 读得动情； 读得诗意； 读得感动。	围绕各个角度都有精彩创作，细腻而诗意，学生或张贴或集中朗读自己作品，所有创作均得到展示与热情评价。 生例：《成长》 前行是纯粹的/未知的东西/似乎更能撩逗一个少年的心思。 抠了几根白嫩的芦苇/在嘴里嚼着/血滴在草上/滴在父亲的脚印里/鸭下蛋了。
四、点拨升华 5分钟	10.体系我构建 5分钟	◆总结所学，提取关键词，建构知识树： （知识树图：孤独之旅——孤独、恐慌、胆怯、破产、坚强、四句话、心理、动作、鸭群、暴雨、环境、暴风雨、杜小康、知识结构）	将感性认识回归至理性的归纳；树立学习语文的文体意识；培养知识建构能力。	教师强调文体意识，对照前表建立文体知识树。 结合前面"小说三要素知识树"，学生热烈讨论，各有看法，各有创意，生成不同精彩。左图仅为其中一例。完成后质疑交流进而加深理解。

(续表)

课题	孤独之旅	课型	预习展示课	班级	神木五中初三（1）班
执教单位	山东省淄博市临淄区皇城一中		姓名	葛小丽	时间 2012.07.11
课堂流程	环节	具体内容		学法指导	课堂实录与反思
五、课堂作业 20分钟	11. 作业当堂清 16分钟	◆文学小评论：确立话题，自选角度，完成一篇文学鉴赏小评论并展示交流。 1. 选角度，定话题。 2. 搜资料，理思路。 3. 细品评，写成文。 4. 我自信，我展示。 温馨提示：1. 小角度切入，找到恰当的例子。 2. 确定好思路，进行清晰地表达。 3. 紧扣语言和手法展开鉴赏。 ——一切景语皆情语——		深入语言品艺术，读写结合真语文。	生成话题："四句话看杜小康成长""血滴滴成的足迹""萤火虫折射的诗意""暴风雨铸就成长舞台""芦苇丛见证的成长""一切景语皆情语""大量鸭群描写为哪般""炊烟与月亮"等。
				形成观点，选择语句。围绕观点举例分析，深入品析语句内涵。紧扣观点，浑然一体。	学生似乎有困难，难以下手。教师现场举一简例，进行鉴赏，顺势点拨文学评论写法。 　　10分钟创作后，300字左右的微评论诞生。集中朗读5人次，继而张贴于墙，自由跟帖式评价，生成课堂高潮。
	12. 总结来提升 4分钟	1. 回应目标：学习目标完成了吗？我的学习有效吗？ 2. 一句话收获：关乎成长、积累、艺术手法、文学素养等。 3. 推荐阅读：曹文轩纯美小说系列。		目标常记，方向需明，及时总结定有提升。	小组集中畅谈，互通有无。

14. 初中数学导学案模板应用示范

课题	6.2 直角三角形（一）	课型	预习展示课	班级	神木五中初二（3）班
执教单位	山东省淄博市临淄区皇城二中		姓名	张虎君	时间	2012.07.11
课堂流程	环节	具体内容		学法指导	课堂实录与反思
一、学习目标	1. 学啥我知情 2 分钟	1. 知识目标：了解勾股定理证明方法，会证明勾股定理的逆定理，理解互逆命题、逆命题、互逆定理、逆定理的含义。 2. 技能目标：能应用勾股定理及其逆定理解决与直角三角形有关的问题，能举出互逆命题、逆命题、互逆定理、逆定理的例子。 3. 情感目标：进一步掌握推理证明的方法，发展演绎推理能力，培养理性精神。		请把关键词标出来。	目标见类、见点，具体可操作。
二、自主学习（独学—对学—群学）	2. 温故能知新 5 分钟	1. 求出下图直角三角形 ABC 中未知边的长度。 2. 根据下列三角形三边的长度，判断哪个是直角三角形。 (1) 4 $2\sqrt{2}$ $2\sqrt{2}$ (2) 4 5 6		要善于从学过的知识中找到新知识学习的根据和基础。	参照勾股定理及已知三角边长度判断一个三角形是否为直角三角形，用时较多，约 8 分钟。

(续表)

课题	6.2 直角三角形（一）		课型	预习展示课	班级	神木五中初二（3）班
执教单位	山东省淄博市临淄区皇城二中			姓名	张虎君	时间	2012.07.11
课堂流程	环节	具体内容		学法指导		课堂实录与反思
	3. 证明我能行 10 分钟	1. 写出勾股定理的内容。 2. 选择一种图形完成勾股定理的证明。		1. 了解勾股定理有关数学史。 2. 体会数形结合、等积法。		多数学生选择第一个图。出现三种思路： 1. $c^2 = 4 \times \dfrac{1}{2}ab + (b-a)^2$ 2. $(b-a)^2 = c^2 - 4 \times \dfrac{1}{2}ab$ 3. $4 \times \dfrac{1}{2}ab = c^2 - (b-a)^2$
二、自主学习（独学—对学—群学）	4. 探究我出招 15 分钟	1. 已知：如图，在△ABC中，$AC^2 + BC^2 = AB^2$。 求证：△ABC 是直角三角形。 2. 通过以上证明，你能得出什么结论，请总结概括出来。		1. 证明有挑战性。 2. 独立思考、合作探究证明思路。 3. 体会转化思想。 4. 归纳结论。		对于这一有挑战性的问题学生探究积极性高，两个小组经"独学—对学—群学"解决了问题。

(续表)

课题		6.2直角三角形（一）	课型	预习展示课	班级	神木五中初二（3）班
执教单位		山东省淄博市临淄区皇城二中		姓名	张虎君	时间 2012.07.11
课堂流程	环节	具体内容		学法指导		课堂实录与反思
二、自主学习（独学—对学—群学）	5. 概念我能懂 13分钟	1. 仔细阅读课本17页、18页内容，理解什么是互逆命题、逆命题、互逆定理、逆定理。请分别举例说明。 2. 你是怎么理解"互逆命题"中的"互逆"的？ 3. 你是怎么理解"互逆定理"中的"互逆"的？ 4. 一个命题是真命题，它的逆命题一定是真命题吗？ 5. 互逆命题与互逆定理有何关系？		1. 通过举例进一步辨析、理解定义。 2. 抓住关键词理解概念本质。		1. 通过自主学习理解了"互逆"。 2. 能举例说明一个真命题的逆命题不一定是真命题。 3. 部分学生理解了互逆命题与互逆定理关系。
	6. 问题我解决 5分钟	1. 以下列几组数为边长的三角形是否为直角三角形？说出理由。 (1) 9，12，15　(2) 6，8，11 2. 说出下列命题的逆命题，并判断每对命题的真假： (1) 两直线平行，内错角相等； (2) 如果两个有理数相等，那么它们的绝对值相等。		运用新知识解决新问题，提升能力。		各小组积极参与，能正确解决问题。
三、展示交流	7. 展示我精彩 25分钟	先讨论交流，解疑释难，然后板演展示并讲解。看哪个小组写得又快又好，讲解得清晰明白。 1. 勾股定理的证明（7分钟） 2. 勾股定理逆定理的证明（9分钟） 3. 组间挑战，进一步辨析、理解概念（6分钟） 4. 解决问题（3分钟）		胸有成竹，尽量脱稿，展示自我。		关于勾股定理的证明三个小组提供了三种不同的思路；逆定理的证明尽管难度大，还是有两个小组解决了；概念通过自主、合作学习都能理解。

(续表)

课题	6.2直角三角形（一）		课型	预习展示课	班级	神木五中初二（3）班
执教单位	山东省淄博市临淄区皇城二中			姓名 张虎君	时间	2012.07.11
课堂流程	环节	具体内容			学法指导	课堂实录与反思
四、点拨升华	8. 点拨我提升 5分钟	请同学们回顾本节课的知识，用自己喜欢的方式尝试画一下知识结构图。 (等积法证) 勾股定理 (求边长) 互↕逆 (构造 Rt△证) 勾股定理逆定理（判断 Rt△） 条件　命题（真假）—逆命题 互逆↕ 结论　定理—逆定理			养成知识结构化的习惯。	学生对知识建构有难度，应在平时教学中加强指导训练。
五、课堂作业	9. 作业当堂清 10分钟	1. 说出下列命题的逆命题，并判断每对命题的真假： (1) 四边形是多边形；(2) 两直线平行，同旁内角互补；(3) 如果 $ab=0$，那么 $a=0$，$b=0$。 2. 如图，在 △ABC 中，已知 $AB=13$ cm，$BC=10$ cm，BC 边上的中线 $AD=12$ cm。求证：$AB=AC$。			独立用 8 分钟完成，2 分钟小组反馈。	同学们用了两种方法。方法一：根据勾股定理的逆定理得出 $\angle ADB=90°$，再用勾股定理求出 $AC=13$，所以 $AB=AC$。方法二：利用△ABD ≌△ACD（SAS）得到 $AB=AC$。
	10. 挑战我接招（选做）	如图，正四棱柱的底面边长为 3 cm，侧棱长为 5 cm，一只蚂蚁欲从正四棱柱的底面上的点 A 沿棱柱侧面到点 C_1 处吃食物，那么它需要爬行的最短路径的长是多少？			相信自己，挑战自我。	高效课堂容易犯优生厌倦症。利用选做的形式，为优生提供一个接受挑战的机会不失为一种有益的探索。

15. 初中英语导学案模板应用示范

课题	How do you study for a test?（Period Two）	课型	预习展示课	班级	神木五中初三（2）班
执教单位	山东省淄博市临淄区第一中学	姓　名	刘晓音	时间	2012.07.11
课堂流程	环节	具体内容		学法指导	课堂实录与反思
一、学习目标 2分钟	1. 学啥我知情 2分钟	1. 知识目标： （1）四会掌握：specific, memorize, grammar, differently, frustrate, frustrating, quickly, add, not at all, excited, end up 等。 （2）运用"by doing"句式来表达学好语言的方式。 2. 技能目标： （1）理解短文信息并复述短文； （2）运用对话谈论短文信息。 3. 情感目标：学会互相帮助，相互取长补短。		请标出关键词。	精彩一：没有一个不学习的孩子 明确任务后，课堂进入"静悄悄"独学阶段，耳边仅闻翻书声，眼中唯有奋笔疾书状。十几分钟后，映入眼帘的是两三人继而更多人的探讨、商榷，耳边的嘈杂声也响起来了。随着参与讨论人数的增加，教
二、自主学习 43分钟(独学25分钟，对学6分钟，群学7分钟，展示5分钟）	2. 温故能知新 3分钟	1. Finish the following exercises： （1）The old man makes a living by _____ (sell) newspapers. （2）你怎样复习准备考试？我和小组一起学习来准备考试。(by doing...) _____ （3）大声朗读来练习发音如何？（How/What about doing...?） _____			

（续表）

课题	How do you study for a test? (Period Two)	课型	预习展示课	班级	神木五中初三（2）班		
执教单位	山东省淄博市临淄区第一中学		姓　名	刘晓音	时间	2012.07.11	
课堂流程	环节	具体内容				学法指导	课堂实录与反思
二、自主学习 43分钟（独学25分钟，对学6分钟，群学7分钟，展示5分钟）	2. 温故能知新 3分钟	(4) 向老师求助 ＿＿＿＿＿＿＿＿＿ (5) 对他来说听懂这个声音很难。It's too ＿＿＿ ＿＿ for him ＿＿＿＿＿＿＿． 2. 请写出你自己学习英语的方法： Eg：I learn English by asking the teacher for help... ＿＿＿＿＿＿＿＿＿＿＿＿＿＿＿				要善于总结并能从已学知识中寻找新知识学习的依据。讨论改动用红笔。	室里呈现一派"闹哄哄"的景象。由"静悄悄"到"闹哄哄"，学生也由个人探索发展到资源共享、各抒己见，从而使习得的印象更为深刻。期间个别"权威"学生的粗心大意将小组带入"误区"。动态资源自然生成，如：阅读任务二中魏明学习英语已经seventy-two months，而文中
	3. 阅读我有法 10分钟	任务一：速读短文回答下列问题 1. Did Lillian Li like studying grammar? 2. How long has Wei Ming been learning English? 3. What did Liu Chang add? 4. Why does Wei Ming find watching movies frustrating? 任务二：仔细阅读短文，判断正（T）误（F） (　) 1. Many students thought the best way to learn English is to use it. (　) 2. Lillian Li never studied grammar. (　) 3. Wei Ming has learned English for seventy-two months. (　) 4. The students in the club could get lots of practice. (　) 5. Liu Chang thought having conversations with friends was helpful. 任务三：再读短文，完成下表（P3） 	Ways of learning English			
---	---	---	---
	Not successful	OK	Successful
Lillian Li			
Wei Ming			
Liu Chang								注意阅读方法的运用： 任务一：略读了解大意。 任务二：细读把握具体含义； 任务三：跳读有目的搜寻所需信息。讨论改动用红笔。	

(续表)

课题		How do you study for a test? (Period Two)		课型	预习展示课	班级	神木五中初三（2）班
执教单位		山东省淄博市临淄区第一中学		姓　名	刘晓音	时间	2012.07.11
课堂流程	环节	具体内容				学法指导	课堂实录与反思
二、自主学习 43分钟(独学25分钟,对学6分钟,群学7分钟,展示5分钟)	4. 句式我分析,问题我解决7分钟	观察与运用：(个人限时4分钟完成,组内3分钟交换意见,准备成果展示) 1. ask sb. about sth. 问你一些有关学习英语的问题＿＿＿＿＿＿＿＿＿＿＿ ＿＿＿＿＿＿＿＿＿ 2. the best way to learn new words 做某事的最好方法＿＿＿＿＿＿＿＿＿＿＿＿ 去邮局的路＿＿＿＿＿＿＿＿＿＿＿＿ 一张球赛的票＿＿＿＿＿＿＿＿＿＿＿ 3. Having conversations with friends was not helpful at all. 在这句话中,＿＿＿＿＿＿＿＿＿＿＿做主语。 本文中还有类似动名词短语作主语的句子吗？如果有,请问有几处？请你在文中标出它们。 4. He finds watching movies frustrating because the people speak too quickly. 总结：find sth. ＋＿＿＿＿＿＿＿＿ 练习：I found the story very ＿＿＿＿＿＿＿ (interest). 我们还学过：find ＋＿＿＿＿＿＿＋形容词＋to do sth. 请翻译： 他发现观看英文电影很有趣。 (1) ＿＿＿＿＿＿＿＿＿＿＿＿＿＿＿＿＿＿＿＿＿＿＿＿＿＿＿＿＿＿＿＿ (2) ＿＿＿＿＿＿＿＿＿＿＿＿＿＿＿＿＿＿＿＿＿＿＿＿＿＿＿＿＿＿＿＿				整体理解,分析总结,运用新知识解决新问题,提升能力。 自主学习4分钟,小组讨论3分钟。 讨论改动用红笔。	提及six years,简单的一个乘法由于大意而出错。这是任何一位老师在备课时都无法先知的。身为老师的我也通过这一资源及时把握了学生的弱点,并给予恰当点拨。

（续表）

课题		How do you study for a test? (Period Two)	课型	预习展示课	班级	神木五中初三（2）班	
执教单位		山东省淄博市临淄区第一中学		姓　名	刘晓音	时间	2012.07.11
课堂流程	环节	具体内容				学法指导	课堂实录与反思
二、自主学习 43分钟（独学25分钟，对学6分钟，群学7分钟，展示5分钟）	5. 板演展示，外派学习成员组内汇报，动态生成点拨 5分钟	温馨提示： 1. 板演分为两个板块，即关于学习任务2、3、4小组形成的共性成果及有争议的需要求助的问题； 2. 由另外两名成员负责简单讲解； 3. 外派两名成员根据需要自选小组"取经"，并在学成归来后，将所学内容向本组成员汇报。				两人板演学习成果，两人讲解板演内容，派两人去其他组听讲并记录。	精彩二：投入学习如入无人之境
	6. 小组对话展示准备 10分钟	任务四：小组成员分别承担 Lillian Li、Wei Ming、Liu Chang 等角色，选一人为记者分别对小组成员进行采访（自想办法，全员参与），将3a内容改编成对话，展示给大家。 Eg： A：I'm doing a survey about learning English. Can I ask you some questions? B，C&D：Sure. A：What's your name? B：Wei Ming. A：How do you learn English, Lillian Li? B：I learn new words by reading English magazines. And I never study grammar. A：Why? B：Because it's too boring. A：What about you, Wei Ming? How do you learn English? C：…				明确任务，各司其职，台上精彩一瞬间等于台下用功10分钟。（闲话少叙）	学生无视五十多位听课老师的存在，谈笑风生、板演讲练该咋着就咋着，全身心投入学习中，以至于下课铃也"失效"了。课间他们或在黑板前小声讨论着，或围在我身边述说着他们的争论焦点，抑或奋笔疾书整理着什么，忘记了疲惫，忘记了休息。

(续表)

课题	How do you study for a test? (Period Two)		课型	预习展示课	班级	神木五中初三（2）班
执教单位	山东省淄博市临淄区第一中学		姓名	刘晓音	时间	2012.07.11
课堂流程	环节	具体内容			学法指导	课堂实录与反思
二、自主学习 43分钟（独学25分钟，对学6分钟，群学7分钟，展示5分钟）	7. 复述课文准备展示 8分钟	根据提示，复述文章，挑战自我，舒展个性。 ask... about　　the best way learn more English　　many　　by using some more specific suggestions Lillian Li： new words　　English magazine memorizing the words of pop songs　　a little studying grammar　　too boring Wei Ming： learn English　　6 years　　studying grammar a great way to learn a language watching English movies $\begin{cases} \text{not bad　watch the actors} \\ \text{sometimes　frustrating} \end{cases}$ Liu Chang： joining the English club　　best way get lots of practice & fun having conversation with friends not helpful at all $\begin{cases} \text{get excited about} \\ \text{end up} \end{cases}$			张开嘴巴，生命中的又一奇迹马上会出现！	精彩三：动态生成超出预设 原本以为"向老师求助"不是难点，竟有99%的孩子写成：by asking the teacher for help；更没想到"问你一些有关学习英语的问题"出错率达91%……这种动态生成才是学生需要学习的内容，如若没有"独学"老师是万万想不到的。
三、展示交流 33分钟	8. 挑战一：5分钟；挑战二：18分钟；挑战三：10分钟	挑战一：观察与运用 先组内讨论交流，解疑释难，然后由小组派代表就共性问题进行讲解，比一比，看哪个小组最活跃。针对同学们解决不彻底的疑惑，教师给予点拨。 挑战二：对话表演 机会就掌握在你手中（约3分钟/组），快将改编好的对话拿到全班面前展示吧。 挑战三：复述短文 自愿根据图片及提示复述课文，相信你一定行！Come on！			烂熟于心才能体验出口成章的美妙。	

(续表)

课题	How do you study for a test? (Period Two)		课型	预习展示课	班级	神木五中初三（2）班	
执教单位	山东省淄博市临淄区第一中学			姓　名	刘晓音	时间	2012.07.11
课堂流程	环节	具体内容				学法指导	课堂实录与反思
四、点拨升华 5分钟	9. 点拨解惑我提升 5分钟	1. He finds watching movies frustrating because the people speak... 总结：frustrated /frustrating frustrated 只能作表语，它的主语常是＿＿＿＿（人/物）；frustrating 可作定语，也可作表语。作表语时，它的主语常是＿＿＿＿（人/物）。类似的词你还能记得多少？＿＿＿＿＿＿＿＿＿＿＿＿＿． 2. We get excited about something and end up speaking in Chinese. get excited 含义：＿＿＿＿＿＿；get 作系动词，请列举 get 作系动词的语句：＿＿＿＿＿＿＿＿＿＿＿＿＿＿＿＿＿＿＿＿ 除了 be 之外，还学过哪些系动词？＿＿＿＿＿＿＿＿＿ 3. end up speaking... 介词后面跟动词的＿＿＿＿＿＿形式。 4. He can watch the actors say the words. watch 是感官动词，后面跟动词的＿＿＿＿形式或＿＿＿＿形式。				零散知识系统化。 语言方能地道化。	精彩四：复述展示争先恐后 课初学生所留印象告诉我，复述任务达预期效果的可能性微乎其微，最终现实证明：给学生一个足够长的杠杆他就可以撬起整个地球。这个杠杆是学法，是时间。
五、课堂作业 6分钟	10. 今日事今日毕 6分钟	用所学阅读方法完成下列阅读： 　　　　How to learn English? 　　We are learning English, but how can we learn English well? A student can know a lot about English, but maybe he can't speak English. 　　If you want to know how to swim, you must get into the river. And if you want to be a football player, you must play football.					

(续表)

课题	How do you study for a test? (Period Two)	课型	预习展示课	班级	神木五中初三（2）班		
执教单位	山东省淄博市临淄区第一中学			姓 名	刘晓音	时间	2012.07.11
课堂流程	环节	具体内容				学法指导	课堂实录与反思
五、课堂作业 6分钟	10. 今日事今日毕 6分钟	So, you see, you can learn by using it. You must listen to your teacher in class. You must speak English to your classmates every day and also you must write something in English. Then one day you may find your English become very good. 根据短文判断正（T）误（F）： (　　) 1. If a student know a lot about English, then he can speak English. (　　) 2. You know the way of swimming, you needn't get into the river and you can swim. 请回答下列问题： 1. If you want to be a football player, what should you do? 2. If you want to learn the way of swimming, what will you do? 请翻译： So, you see, you can learn by using it.				独立用4分钟完成，然后用2分钟小组反馈。	
六、知识梳理 1分钟	11. 我的收获 1分钟	1. 我学到的新知识：_____ 2. 本节阅读方法上的收获：_____ 3. 我的遗憾及补救措施：_____				勤于反思，及时总结，铸就成功。	

图书在版编目（CIP）数据

发现高效课堂密码:全新升级版/于春祥著.—济南:山东文艺出版社,2016.1
ISBN 978-7-5329-5158-1

Ⅰ.①发… Ⅱ.①于… Ⅲ.①课堂教学—教学研究—中小学 Ⅳ.①G632.421

中国版本图书馆 CIP 数据核字(2015)第 266541 号

发现高效课堂密码(全新升级版)

于春祥 著

主管部门	山东出版传媒股份有限公司
出版发行	山东文艺出版社
社　　址	山东省济南市英雄山路 189 号
邮　　编	250002
网　　址	www.sdwypress.com

读者服务	0531-82098776(总编室)
	0531-82098775(市场营销部)
电子邮箱	sdwy@sdpress.com.cn

印　　刷	山东德州新华印务有限责任公司
开　　本	710 毫米×1000 毫米　1/16
印　　张	20
字　　数	240 千
版　　次	2016 年 1 月第 1 版
印　　次	2021 年 1 月第 4 次印刷
书　　号	ISBN 978-7-5329-5158-1
定　　价	39.00 元

版权专有,侵权必究。如有图书质量问题,请与出版社联系调换。

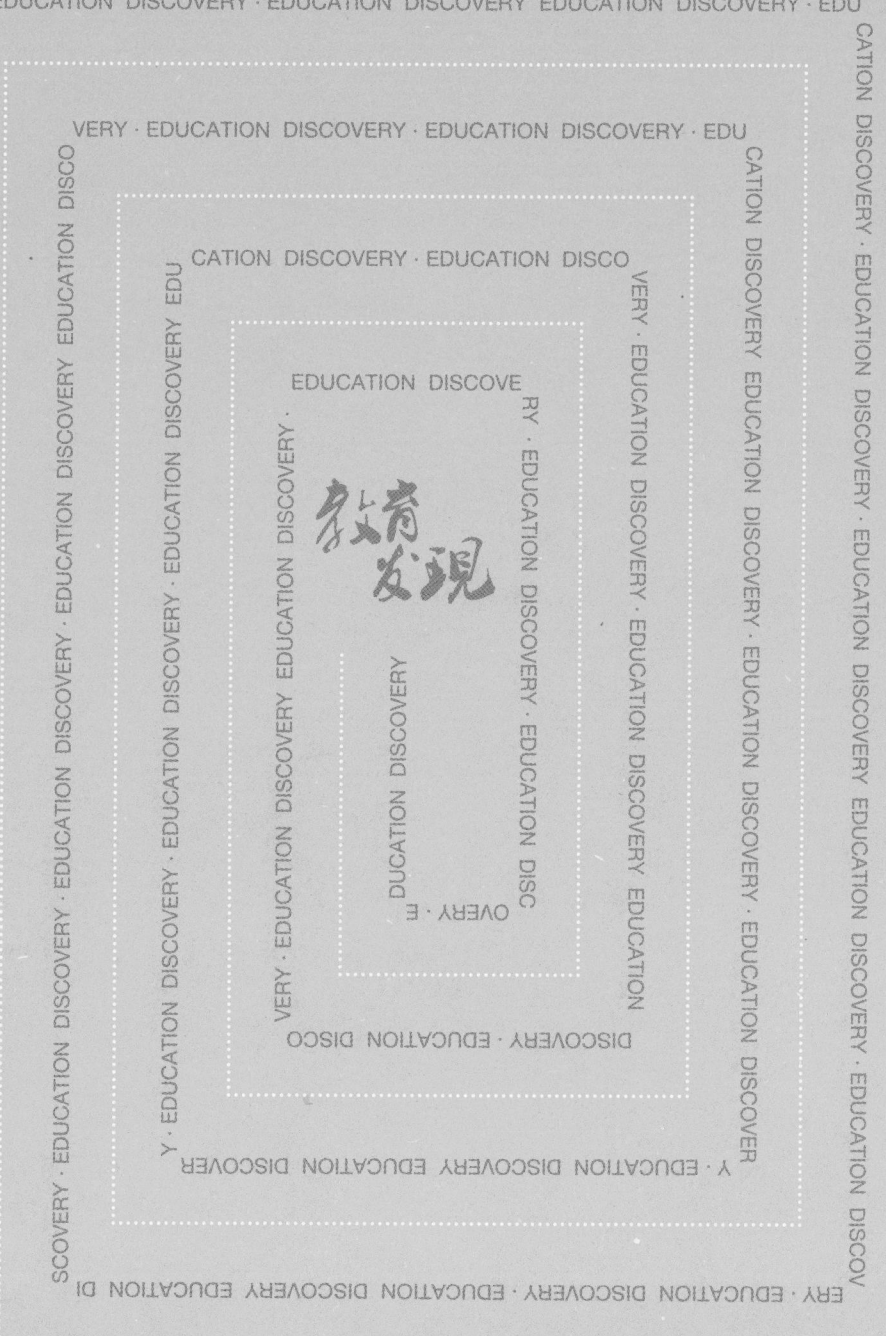

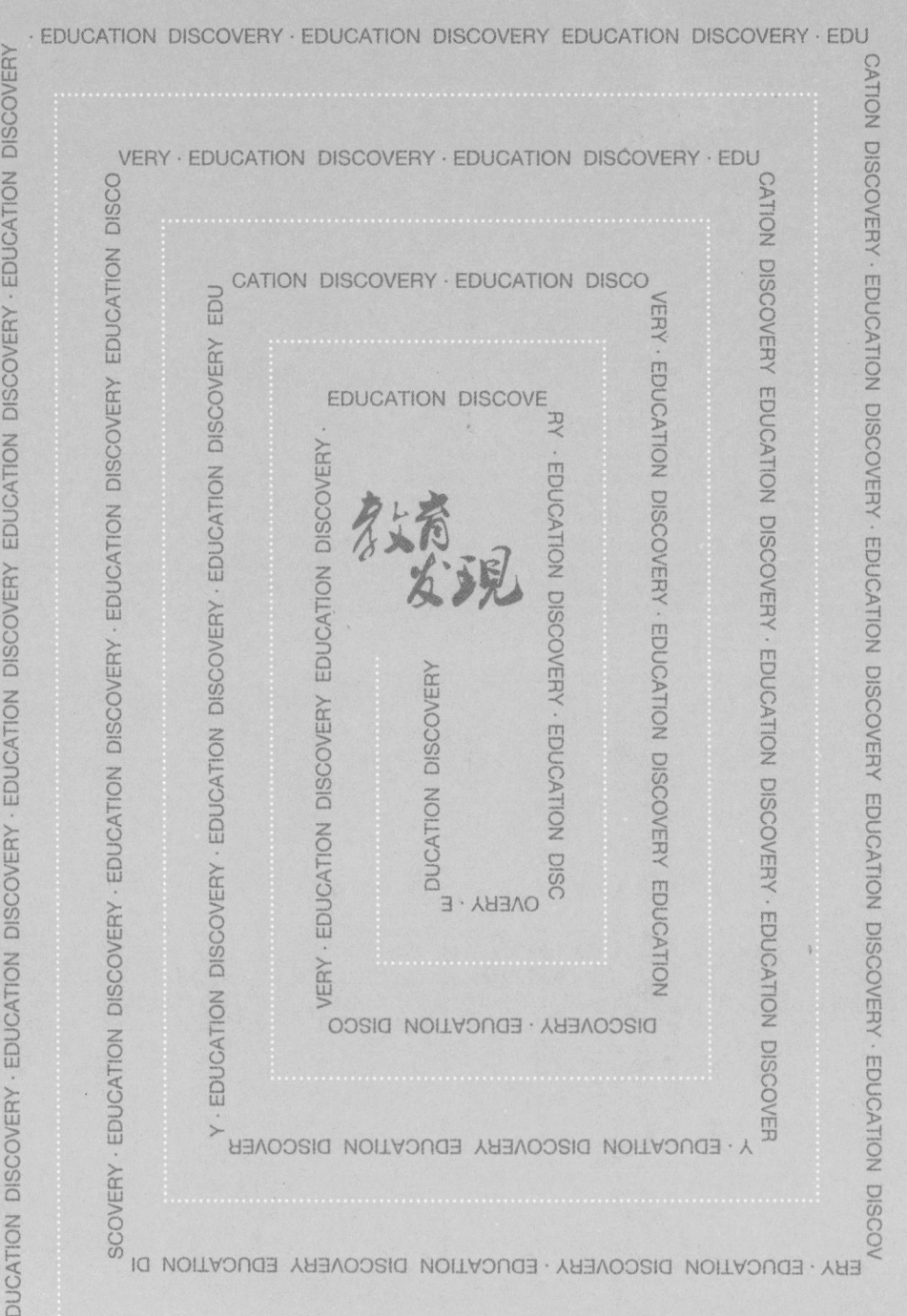